갓 칠십,
행복한국을 꿈꾼다

갓 칠십, 행복한국을 꿈꾼다

초판 인쇄 2022년 2월 10일
초판 발행 2022년 2월 15일

엮은이 | 남동희
교정교열 | 정난진
펴낸이 | 이찬규
펴낸곳 | 북코리아
등록번호 | 제03-01240호
주소 | 13209 경기도 성남시 중원구 사기막골로 45번길 14
우림2차 A동 1007호
전화 | 02-704-7840
팩스 | 02-704-7848
이메일 | ibookorea@naver.com
홈페이지 | www.북코리아.kr
ISBN | 978-89-6324-838-7 (03330)

값 15,000원

갓 칠십

행복한 국을 꿈꾼다

남동희 엮음

북코리아

책을 펴내며

널리 알려지기를 바랄 따름

푸드뱅크와 자원봉사는 아는데 사회복지협의회는 잘 모른다고 합니다. 1952년 한국전쟁 중에 부산에서 설립된 한국사회복지협의회는 올해로 창립 70주년을 맞이합니다. 오랜 역사와 전통을 지니고, 민간 사회복지의 중심 역할을 감당하고 있는 중요 기관임에도 불구하고 사회복지협의회는 일반인들에게 그렇게 잘 알려져 있지 않습니다.

물론 본질적인 업무가 중요하고 주변의 평판이나 인지도는 부수적인 문제일지도 모릅니다. 그러나 사회복지협의회가 어떤 일을 하고, 우리 사회복지계에 얼마나 기여하고 있는지는 세상에 알릴 필요가 있다고 생각했습니다.

기왕에 60년사가 두꺼운 책으로 발간되어 있었습니다. 70년사를 더 두툼한 책으로 펴낸다고 하더라도 크게 달라질 것 같지 않았습니다. 생각을 바꿔서 재미있고 읽히는 책을 만들어 봐야겠다는 마음을 먹고 전문작가를 불렀습니다. 매일경제신문사 정치부 기자 출신인 남동희 박사는 평소 알고 지내던 사이이기도 하거니와, 집단글쓰기(collective writing) 방식으로 기업스토리를 엮어낸 경험을 지니고 있다고 했습니다.

임직원들의 노고가 더해져서 사회복지협의회에서 일하는 사람들의 이야기가 책으로 나오게 되었습니다. 아무쪼록 이 책이 널리 읽혀서 우리 협의회가 잘 알려지기를 바랄 따름입니다.

2022년 2월 15일

한국사회복지협의회 회장 서상목

목차

목차

많이 잘 먹여야지

진정성이 중요해

목차

오래 기다릴 줄 알아야지

힘들어도 누군가는 해야 해

목차

- 시상식만으로는 부족해
- 부상으로 10돈짜리 금메달
- 길을 새로 닦는다
- 세상에 없는 책
- Do it together
- 삶의 질은 제자리걸음
- 장난감도서관은 지자체의 지속적 지원이 핵심
- '어머니 마음'에 시정명령

10년은 해봐야지

시상식만으로는 부족해

지역복지공동체와 사회혁신은 서상목 회장이 2017년 취임 초부터 사회복지협의회 미션으로 내건 두 가지다. 나눔혁신사업단 K 차장은 전통적인 지역복지공동체가 일단 무너졌다고 보고, 부서에서 할 수 있는 일이 무엇일까 고민했다. 문제를 풀어나갈 때 사람 중심의 사고가 중요하다고 생각해온 K 차장은 지역의 혁신을 위해 사회혁신가, 다시 말하면 지역의 작은 변화를 만들어내기 위해 지역의 사회문제를 발굴해내고 이를 해결하기 위해 숨어서 노력하는 사회혁신가를 지원해주는 프로그램이 필요하다는 결론에 도달하게 된다. 지역혁신이 지역공동체 복원의 시작점이 되어야 한다고 생각했다.

어렴풋이 그렇게 윤곽이 잡힌 체인지메이커(change maker)를 구상했다. 2019년 한국서부발전이 시민 영웅들을 발굴해서 시상하는 의인상을 제안해왔다. 이미 LG의인상이 자리를 잡고 선점한 상황에서 같은 콘셉트의 의인상을 제안한 것은 무리라고 판단했다. 추진과정에서 다시 취약계층지원사업이 언급됐다. 집수리와 보수, 난방 유류비 지원 등이 거론되었지만 진부하다고 느껴졌다. K 차장은 고민 끝에 지역문제를 해결하고자 노력하는 활동가를 발굴해서 시상하자고 제안했다. '사회혁신'이라는 단어가 들어가자 우선 전문가들이 이의를 제기했다. 협의회가 사회혁신을 알기는 아느냐는 식으로 비판했다.

여기저기 기웃거리다가 행정안전부 홈페이지에서 '사회혁신'이라는 단어를 찾아냈다. 청와대 시민사회수석이 담당하던 업무가 막 행정안전부로 이관된 시점이었다. 행정안전부 담당 부서에 무작정 전화를 했다. 담당자 대신 전화를 당겨 받은 사람이 마침 사회복지를 전공한 김모 사무관이었다. 얘기를 듣더니 신이 나서 당시 담당이었던 이수연 사무관을 소개해 줬다.

당장 세종시 정부청사로 내려가서 만난 이 사무관은 K 차장에게 먼저 사회혁신가 네트워크를 소개해줬다. 아쇼카재단 한국지사의 이혜영 대표와 당시 희망제작소 최수미 실장을 비롯한 이 분야 사람들과 만나면서 사회혁신가에 대한 뚜렷한 생각이 여물었다. 머뭇머뭇하던 한국서부발전은 이제 K 차장의 확신에 찬 제안에 완전히 넘어왔다.

빌 드레이튼(Bill Drayton, 1943~)은 사회적 기업가를 지원할 목적으로 미국 버지니아에 아쇼카재단(ashoka.org)을 설립했다. 세상을 바꿔보겠다는 열정만으로 달려든 사회적 기업가들에게 지속가능한 경영이 이뤄지도록 재정적 지원은 물론 홍보 전략 수립, 법률 자문, 인맥 구축 등 다각도의 지원을 제공한다.

아쇼카는 빈곤퇴치와 교육운동 분야에서 전 세계적으로 의미 있는 변화를 일으키고 있다. 2006년 마이크로크레딧(무담보 소액대출)운동으로 노벨평화상을 수상한 방글라데시의 무하마드 유누스 교수도 아쇼카의 일원이다. 아쇼카 연구원(fellow)으로 선정되면 3년간 생계비를 지원받고, 해당 사회적기업은 전문적인 지원프로그램에 의해 '맥킨지앤드컴퍼니' 같은 경영컨설팅업체나 '힐앤놀튼' 같은 세계적 홍보업체의 도움을 받을 수 있다. 사회적기업가가 세련된 경영기법을 배울 기회가 주어지는 셈이다. 아쇼카 펠로우들을 위한 웹사이트 명칭이 '체인지메이커(ChangeMakers)'다.

협의회는 한국서부발전의 후원을 받아 2019년부터 사회공헌사업 형태로 '대한민국 사회혁신 체인지메이커 시상식'을 시작했다. 공모를 통해 새로운 아이디어로 세상을 바꿔보겠다는 사회혁신가들을 발굴해서 시상했다. 행정안전부가 합류하고 중앙일보가 미디어파트너로 참여하면서 힘이 더해졌다.

하지만 시상식만으로는 뭔가 부족하다는 느낌이었다. 공모를 통한 발굴이 진행되면서 기본적인 환경변화가 필요하다는 의견이 나왔다. 새로운 바람과 아이디어가 필요했다. 논의 끝에 사회혁신에 관심 있는 청년들에게 교육과정을 제공하자는 쪽으로 의견이 모아졌다. 비영리단체와 소셜벤처에 관심 있는 청년들이 직접 체험하고 구체적인 방법을 찾아갈 수 있는 교육프로그램으로 '리빙랩(Living Lab)'이 탄생했다. 올해는 리빙랩 2기 출범식을 가졌다.

부상으로 10돈짜리 금메달

체인지메이커는 사회의 다양한 문제에 관심을 가지고 혁신적인 아이디어로 세상에 긍정적인 변화를 만들어낼 수 있는 사회혁신가를 일컫는 말이다.

'2021 대한민국 사회혁신 체인지메이커' 시상식이 2021년 12월 16일 라마다서울신도림호텔에서 열렸다. 한국서부발전 주최, 한국사회복지협의회 주관, 행정안전부와 중앙일보 후원으로 진행됐다. 협의회 공식 유튜브 채널인 '나눔채널 공감'으로 온라인 중계됐다.

체인지메이커 수상자는 (주)더뉴히어로즈 이태성 대표, (주)지방 조권능 대표, 빠띠&코드포코리아 권오현 활동가, 치도 박이슬 대표, (주)터치포굿 박미현 대표, (사)열린옷장 김소령 대표, 피치마켓 함의영 대표 등 7명이다. 수상자에게는 1천만 원의 상금과 함께 부상으로 10돈짜리 금메달을 수여했다.

'대한민국 사회혁신 체인지메이커' 시상프로그램은 한국서부발전과 한국사회복지협의회가 사회적 가치 모델 발굴을 선도하고, 지속가능한 사회혁신 기반을 조성하기 위해 지난 2019년에 시작해 올해로 3회째를 맞았다. 우리 사회의 작은 변화를 위해 헌신적으로 노력하는 활동가를 발굴해서 지원하고, 민 · 관이 협력해서 사회적 가치를 창출하겠다는 것이 목적이다. 또 사회적 인식을 개선하고 사회혁신에 대한 이해도를 높이기 위한 모델을 발굴하여 플랫폼을 구축함으로써 지역공동체 형성에 보탬이 되고자 했다.

(주)더뉴히어로즈 이태성 대표는 옥수수 섬유로 만든 자연생분해 양말 '콘삭스'와 은사(銀絲) 등 각종 친환경 소재를 제품화한 '실버라이닝' 브랜드를 론칭하고, 제로웨이스트숍을 운영한다. 소비자 행동을 변화시킬 수 있는 지속가능한 라이프스타일을 추구한 공로로 경제혁신 부문 체인지메이커로 선정됐다.

(주)지방 조권능 대표는 쇠락한 동네를 새롭게 기획하여 운영하고, 지역의 자산을 발굴해 창업으로까지 연결했다. 지방소멸 위기를 극복한 혁신플랫폼 구축에 기여한 점을 높이 평가받았다.

빠띠&코드포코리아 권오현 활동가는 공공데이터를 활용한 '공적 마스크 재고 앱' 개발과 손으로 쓰는 출입명부를 대체할 '안심번호' 개발 등 코로나19 확산 속에서 시민의 자발적 기술을 활용해 사회문제 해결에 앞장서고 있다. 여기서 '자발적 기술'이라는 의미는 기술을 가진 일반 시민이 모여 커뮤니티를 구축해 사회문제를 해결해나가는 것이다.

치도 박이슬 대표는 사이즈 차별 없는 패션쇼 론칭, 평균 체형 마네킹 제작 등 내추럴사이즈(66~77) 모델 산업 육성으로 외모지상주의가 만연하는 가운데 인식 개선과 보디 포지티브 문화 흐름을 주도한 공로를 인정받았다.

피치마켓 함의영 대표는 문해력과 인지능력이 낮은 느린학습자들을 위해 어려운 정보를 쉬운 글로 재구성한 콘텐츠를 개발해 정보 평등과 실질적인 문맹 개선에 기여했다.

(사)열린옷장 김소령 대표는 청년 구직자들의 취업 비용 부담을 줄이고자 기증받은 정장을 대여하는 공유경제 모델을 도입했다.

(주)터치포굿 박미현 대표는 폐기물로 버려지는 자원의 가치를 찾아내 고부가가치 제품으로 순환시키는 업사이클링 산업을 시작해 활성화하고 환경교육에 기여한 공로를 인정받아 환경혁신 부문 수상자로 선정됐다.

길을 새로 닦는다

행사장에는 혁신을 '혁씬'이라고 표기했다. 혁신을 힘을 잔뜩 주고 읽으면 혁씬이 되리라. 혁신을 확실하게 해보자는 뜻으로 받아들여졌다.

심사위원장을 맡은 정무성 전 숭실사이버대학교 총장은 경과보고에서 추천위원 추천과 일반국민 공모를 통해 신청 접수했고, 9명의 심사위원이 참가자 전원 대면심사를 통해 평가했다고 밝혔다. 최종적으로 수상자 7명을 결정할 때 어디에 중점을 둘 것인지 마지막까지 고민했다고 털어놓았다. 서류심사에서는 업적에 비중을 뒀다면, 최종심사에서는 앞으로의 가능성과 잠재력에 더 높은 점수를 줬다고 밝혔다. 면접에서는 특히 사회를 변화시키고야 말겠다는 열정을 높이 샀다고 했다.

심사위원에는 행정안전부 장헌범 지역사회혁신정책과장, 다음세대재단 방대욱 대표, KAIST경영대학 조성주 연구교수, 임팩트스퀘어(Impact Square) 도현명 대표, 미스크(MYSC) 김정태 대표, 중앙일보 시민

사회연구소 노유진 사무국장, 한국서부발전 김종균 상생혁신실장, 한국사회복지협의회 C 나눔혁신사업단장 등이 참여했다.

경제혁신 부문 사회혁신가로 선정된 (주)뉴히어로즈 이태성 대표는 야구모자를 쓰고 단상에 올랐다. 작은 일에 큰 상을 줘서 고맙다고 했다. 주변의 만류도 있고 해서 정확히 10년만 하고 그만해야지 하고 결심했는데, 이렇게 덜컥 상을 받게 되었다고 했다. 지금 돌이켜보니 10년 전에 비해 세상이 많이 바뀐 것 같다면서 상을 받았으니 앞으로 10년만 더 해보겠다고 했다.

역사를 전공한 이 대표는 말로만 하는 것이 아니라 뭔가 손에 잡히는 것을 하고 싶어서 옥수수 섬유로 만들어서 생분해되는 '콘삭스'와 세탁을 줄일 수 있는 소재로 만든 라이프스타일 브랜드 '실버라이닝'을 출시했다. 또한 제로웨이스트숍으로 '요선당'을 운영하고 있다.

10년 동안 사업을 하면서 실패와 어려움이 반복되었기 때문에 포기하고 싶은 생각이 많이 들었지만, 포기하지 않고 계속할 수 있었던 이유는 이런 작은 노력이 모여서 더 좋은 사회를 만들 수 있을 것이라는 믿음 때문이었다고 했다. 이런 생각과 행동이 정답은 아니겠지만, 잘못된 방향은 아니라는 생각을 하게 됐고, 이번 수상을 통해 이를 확인하게 되었다고 했다.

경제혁신 부문의 또 다른 수상자인 (주)지방 조권능 대표는 군산에서 도시를 변화시키는 일을 시작한 지 꼬박 15년이 지났다고 했다. 동네에서 온갖 멸시와 조롱을 받아왔는데, 오늘 드디어 인정받은 것 같아서 너무 기쁘다고 했다. 아주 사소한 일상의 변화를 만들어내는 것이 무엇보다 중요하다고 했다. 내가 바뀌면 내가 사는 동네가 바뀔 것이고, 그렇게 변두리의 변화가 중심을 변화시킬 것이라고 믿고 지금까지

왔다고 했다.

조 대표는 버려지거나 낙후된 공간에 스몰비즈니스를 창업해서 채우고, 주민을 유치해 동네를 꾸미고 기획해나가는 지역관리회사를 지향했다. 시장기능을 상실한 오래된 시장을 리노베이션해서 청년창업자들을 끌어들여 만든 '영화타운'이 있고, 이렇게 형성된 마을을 중심으로 주거와 라이프스타일을 연결해나가면서 새로운 공간과 직업, 로컬 브랜드를 만들어내는 '도시기획사'로 성장 중이다.

치도 박이슬 대표는 수상 소식을 듣고 자신이 이 상을 받아도 될지 잠시 의심했다고 한다. 지금 하는 일이 너무 좋아서 앞으로도 계속할 텐데, 굳이 상을 받을 필요까지는 없다는 생각도 했다. 회사명 치도(治道)는 "길을 고쳐서 새로 닦는다"라는 뜻이다. 문화콘텐츠로 길을 새로 닦겠다는 의지가 담겨있다. 수상 소감으로 카를 융의 말을 인용했다.

"무의식을 의식화하지 않으면 무의식이 우리 삶의 방향을 결정하게 되는데, 우리는 이것을 '운명'이라고 부른다."

너무나 자연스러웠기에 숨 쉬듯 당연했고, 어쩔 수 없는 운명이라 믿었던 부분들을 지금까지 해온 것처럼 발견해내고 바꿔가고 싶다고 했다. 외모지상주의와 그로 인한 사회적 문제들을 수면 위로 끌어올리고, 그 과정에서 내추럴사이즈(66~77) 모델 산업을 육성했다. 사이즈 차별 없는 패션쇼, 평균 체형 마네킹 제작, 보디 포지티브 에세이와 웹툰을 제작하면서 직접 새로운 문화 흐름을 만들어가고 있다.

자신은 완벽주의자도 실용주의자도 아니라고 했다. 그냥 이거 한번 해보자는 정도로 일단 뭐든지 먼저 저질러놓고 보는 스타일이라고 했다. 뭐가 됐건 시작해보는 것이 중요하다고 했다. 어느 날 돌아보니 생각보다 많이 바뀐 모습을 보게 되었다. 곧 보디 포지티브 동화책을 출판할 예정이니 많은 관심을 가져달라고 당부했다.

세상에 없는 책

문화혁신 부문 수상자 빠띠&코드포코리아 권오현 활동가는 스스로를 '시민인데 개발자'라고 했다. 코로나19 상황에서 정부데이터 개방을 요구하고 마스크 재고 앱을 만드는 데 기여했다. 사회적협동조합 빠띠에서는 디지털 민주주의 확산을 위해 노력 중이다. 지난 10년간 슬로워크를 통해 1,400개 이상의 시민사회와 사회적 기관의 역량과 영향력을 높이는 작업을 계속해왔다.

사회문제를 해결하기 위한 커뮤니티를 따로 만들고 디지털 민주주의를 적용해보려는 노력을 기울여왔다. 지금 디지털기술은 갈림길에 서 있다고 본다. 이 기술이 모두를 위한 기술이 될 것인지, 아니면 소수의 권리로 남게 될지. 당연히 모두의 기술이 되도록 애를 태우는 중이다.

교육혁신 부문 수상자 피치마켓 함의영 대표는 혈액형이 A형이라 큰 뜻은 없었다고 고백했다. 수상 소식을 듣고 부끄럽기도 하고 민망한

한 주를 보냈다고 했다. 대학 졸업 후 사회적기업을 한다고 하니 모두 말렸다. 하는 일을 보고 이상한 아이인 줄은 알았는데, 그 정도인 줄은 몰랐다는 반응이었다. 철이 없어서 그렇다는 말을 많이 들었다.

같이 일하는 동료의 동생이 발달장애인이어서 그냥 그런 책을 한번 만들어보자고 한 것뿐이라고 했다. 처음에는 주변 사람들이 적극적으로 말렸다. 곧 망할 것이라고 하고, 왜 이런 책을 만드느냐고 우려했다.

"40년 만에 책을 처음 읽었어요. 그리고 엄마와 책 이야기를 했어요." 지적장애인 한 분이 피치마켓에서 만든 책을 읽고 보내온 편지 내용이다. 감히 세상을 변화시킬 수 있다고 생각한 적은 없었다고 했다. 그저 누군가 첫 번째 읽게 될 책을 만들겠다는 아주 작은 목표로 시작했다. 특별한 사람을 위해 '세상에 없는 책'을 만드는 일이다. 7년이 지난 지금도 여전히 그 작은 목표를 향해 가고 있을 뿐이다. "'체인지메이커'라는 단어가 우리에게 과분하다는 것을 알고 있다. 그래서 지금보다 더 고민하고 더 치열하게 노력하겠다"라고 했다.

피치마켓은 문해력과 인지능력이 떨어지는 느린학습자들이 이해할 수 있는 쉬운 글 도서를 출판한다. 매년 느린학습자들에게 2만여 권의 도서를 기부하고 있다. 느린학습자들의 독서문화 확산을 위해 연간 2천여 명의 느린학습자들과 독서활동을 펼치고 있다. 현재까지 느린학습자를 위한 책 200여 권을 발간했다.

복지혁신 부문 수상자 (사)열린옷장 김소령 대표는 우선 다른 옷장지기들의 이름을 호명하면서 "우리가 상 받았다"라고 외쳤다. 10년 전 이 일을 처음 시작할 때만 해도 이렇게 오랫동안 이 일을 하고 있으리라고는 상상하지 못했다고 했다.

(사)열린옷장은 기증받은 정장과 이야기를 공유해서 취업을 준비

하는 청년들의 면접 정장 고민을 해결해준다. 발생하는 수익은 청년을 위한 무료법률상담과 멘토링프로그램 운영, 이력서 사진 촬영 등 다른 다양한 사업을 통해 청년들의 새로운 시작을 돕는 데 사용된다.

정장 공유옷장은 수많은 기증자와 자원봉사자들, 그리고 옷장을 운영하고 지키는 옷장지기들이 함께 키웠다. 지금까지 15만 명의 이용자가 열린 마음으로 열린옷장을 이용했다. 김 대표는 그 첫 문을 여는 일을 했을 뿐인데 이렇게 큰 상을 받게 됐다고 어색해했다.

환경혁신 부문 사회혁신가 (주)터치포굿 박미현 대표는 소감 발표를 위해 단상에 올라오니 아무 생각이 안 난다면서, "이 상만큼은 꼭 갚음을 하겠다"라고 짧게 말했다.

(주)터치포굿은 버려지는 자원과 버리는 마음을 동시에 터치하는 사회적기업이다. 버려진 자원에서 가치와 가능성을 찾아내어 특별한 상품으로 재탄생시키는 업사이클 디자인 부문과 도시에 사는 사람들의 눈높이에 맞춘 도시형 환경교육센터를 운영하고 있다. 예컨대, 버리는 쇳조각과 깨진 유리 조각을 활용해서 아름다운 울림소리를 내는 풍경을 만든다. 최근에는 전 세계적으로 같은 고민을 하는 업사이클 디자이너들과 연대하기 위해 글로벌 네트워크 설립을 추진 중이다.

Do it together

시상식에 참석한 행정안전부 정선용 지역혁신정책관은 "우리가 말하는 혁신은 절대로 어느 날 갑자기 되는 것이 아니다"라면서 "다양한 분야에서 자신의 신념을 실천하는 사회혁신가들에 의해 꾸준히 변화가 일어나고 있다는 사실을 오늘 직접 듣고 깨달았다"라고 말했다. 어렵게 만들어진 작은 시작이 '반가운 사회변화'로 이어질 수 있도록 정부도 법적 · 제도적 노력을 아끼지 않겠다고 약속했다.

사회공헌사업으로 체인지메이커 시상식을 후원한 한국서부발전 박형덕 사장은 "각 분야에서 세상을 변화시키고자 노력하는 체인지메이커들에게 격려를 보낸다"라면서 "사회혁신이 거창하고 엄청난 일이 아니었음을 알게 되었다"라고 말했다. 의미 있는 시상식을 준비한 점에 대해 무한한 자부심을 느낀다면서 지속적으로 후원하겠다고 다짐했다.

서상목 회장은 "이번에 우리가 발굴한 체인지메이커들은 매출의 1%를 풀뿌리 환경단체에 기부하는 스포츠용품업체 파타고니아보다 더 혁신적"이라고 단언했다. 한국서부발전이 마치 미국 서부시대 개척 정신 같은 도전의식을 가지고 행사를 후원하고 있다고 치켜세웠다. 행정안전부는 협의회가 추구하는 지역공동체와 사회혁신이라는 두 가지 키워드를 모두 공유하고 있는 정부 부처라면서 앞으로 협업을 통해 가시적인 성과를 거둘 것이라고 전망했다.

20세기가 경제적 가치의 시대였다면, 21세기는 사회적 가치의 시대라면서 경제적 가치에 사회적 가치가 더해져야 균형 잡힌 성장이 가능하다고 설명했다. 경제적 가치 시대에는 대량생산을 주도하는 대기업이 사회를 이끌었다면, 사회적 가치 시대에는 분야별로 많은 사회혁신가가 사회적 가치를 창출해야 직면한 난제들을 헤치고 전진할 수 있다고 강조했다.

시상식 후에 열린 우수사례 발표에는 (사)열린옷장과 (주)지방, 지난해 체인지메이커였던 브라더스키퍼가 선정되었다.

(사)열린옷장 김소령 대표는 본인이 첫 직장을 얻고 난 후에 문득 '후배들이 사회생활을 시작할 때 도울 수 있는 일이 없을까?' 하고 고민한 것이 사업 아이디어가 되었다고 했다. 겪어보기도 했지만 직접 내용을 알아보니, 면접을 볼 때마다 평균 48만 원의 준비 비용이 들고, 이런저런 이유로 10명 중 3명이 결국 면접을 포기한다는 것이었다.

처음에는 10벌 정도의 옷으로 1주일에 1~2명이 이용하는 공유옷장을 운영했다. 통역장교 출신의 기증자가 취업 후 '행운의 옷'을 기증한 다음부터 정장 기부가 줄을 이었다. 구두와 넥타이, 가방과 셔츠도 품목을 더했다. 이용자가 늘어나면서 데이터가 쌓이고, 사연을 적은 편지가 쌓이기 시작했다.

정장과 이야기의 선순환이 시작된 셈이다. 공유옷장은 옷만 나누는 것이 아니라 '이야기를 나누는 옷장'이 되었다. 편지를 통한 소통을 포함해서 2만여 건의 사연이 쌓였다. 기증자는 8천여 명으로 늘어났고, 1만여 벌의 정장을 갖춘 초대형 공유옷장으로 성장했다. 이용자는 15만 명에 달했다.

빅데이터가 쌓이면서 이제는 키와 몸무게만 알면 몸에 딱 맞는 정장을 찾아낼 수 있게 되었다. 덕분에 공유옷장이 전국 어디든 옷을 택배로 보내서 대여해줄 수 있는 시스템으로 진화했다. 2016년에는 '취업날개서비스'를 추가했다. 이력서 작성과 사진 촬영, 법률적 고민, 심지어는 면접날 아침에 먹는 내공식탁 메뉴까지 종합적인 취업솔루션을 제공하게 되었다. 취업준비생에 관한 한 누구나 멋질 권리를 되찾아준 셈이다. 여기에 50여 개 지자체의 정책적 지원으로 지역에 따라 무료 이용이 가능해졌다. 공유옷장은 오늘도 정장 공유를 통해 청년을 응원 중이다.

조권능 대표는 (주)지방을 'Area Management Company'라고 규정했다. 동네를 만들고 동네를 연결하는 작업을 해왔다고 말했다. 자산관리(PM, Property Management)와 브랜드관리(BM, Brand Management), 공동체관리(CM, Community Management)의 세 가지가 필수요소라고 설명했다.

공공주도로 진행되는 도시재생이 기존 시가지를 완전히 밀어내고 새로운 건물을 세우는 것이라면, 민간중심의 골목길 재생모델은 기존 시가지와 건물을 유지하면서 변화를 도모하는 차이가 있다. (주)지방은 우선 로컬크리에이터 스쿨을 열어서 교육하고, 8개 공간을 관리하는 지역관리회사를 설립했다.

'경험형 호텔' 형태로 마을 커뮤니티 호텔을 추진하고 DIT페스티벌을 기획했다. DIT는 'Do it together'의 약자로 마을에 대한 애착심과

자기결정권을 요체로 한다. 상업공간을 거점으로 DIT축제를 10회나 개최했다. 마을호텔은 외부와 연결되는 통로였다.

이 모든 것을 묶어서 '영화타운'이라는 브랜드로 점포의 75%가 비어있던 옛 영화시장에 생기를 불어넣겠다고 나선 무모한 도전을 펼친 것이다. 의미 있는 결과를 얻어내기까지 10년이 넘는 세월이 흘렀지만, 아직도 해놓은 일보다 해야 할 일들이 훨씬 더 많다는 것이 조 대표의 진심이다.

현재까지 1세대 모델로 골목가게의 리모델링(신동엽의 〈신장개업〉, 백종원의 〈골목식당〉, 광주 쿡폴리), 2세대 모델로 골목길 기획(주식회사장진우, 열정도, 드라마 〈혹기사〉 김래원), 3세대 모델로 부동산자산운용사의 골목상가 투자(인사동 쌈지길) 순으로 진행되어왔다.

4세대 모델은 낙후 상권의 운영을 지역 소상공인에게 위탁해 그 소상공인이 경험과 전문성을 바탕으로 상권을 기획하고 관리하게 하는 Area Management Company로 진화하는 것이다.

삶의 질은 제자리걸음

협의회는 지역복지공동체를 구축하고자 했고, 행정안전부는 지역공동체를 되살리고 싶어 했다. 뭔가 같이할 수 있을 것 같았다. 협의회에는 각 지역협의회가 있고, 행안부는 지역별로 공기업과 산하단체가 있다. 나눔혁신사업단 K 차장은 담당 사무관과 체인지메이커 업무로 쌓은 친분을 토대로 논의를 거듭한 끝에 새로운 사업을 구상했다.

협의회는 마침내 2021년 7월 행정안전부와 지속가능한 지역사회 혁신생태계 조성을 위한 업무협약을 체결했다. 구체적인 사업으로는 지역문제해결형 뉴딜지원사업이 추진되었다. 일자리와 환경, 돌봄사업을 중심으로 공모를 통해 8개 지역에서 시범사업을 출범시켰다. 한국수력원자력주식회사가 사회공헌사업으로 참여하면서 10억 원을 사업비로 내놓았다.

이에 앞서 2019년 협의회는 새뜰마을사업에 합류하면서 국토교통부와 업무협약을 체결했다. 협의회가 보건복지부가 아닌 다른 정부 부처와 업무협약을 체결한 첫 번째 사례였다. 국토부는 주거취약지구 개선사업으로 2017년부터 '새뜰마을'이라는 명칭으로 마을정비사업을 지속적으로 추진해왔다. 도로와 상하수도, 소방시설, 마을회관을 고치거나 새로 지었다. 마을의 주요 시설을 끊임없이 개선해도 주민 삶의 질은 제자리걸음이었다.

협의회는 그전부터 농어촌 슬레이트 지붕교체사업을 함께 진행했던 주택도시보증공사(HUG)에 제안했다. HUG는 이미 여러 차례 협의회와 함께 일한 경험이 있었다. 하드웨어를 개선하는 것도 중요하지만, 주민의 마음을 움직이기 위해서는 별도의 프로그램이 필요하다는 점을 간파한 셈이다. 제안을 받은 협의회는 재가복지를 전제로 마을회관을 주민돌봄센터로 운영하는 제안서를 급히 작성했다. 각 지역에 2~3명의 사회복지사를 배치하는 내용을 골자로 1억2천만 원씩 4년간 지원하는 시범사업이 전주, 진안, 평택, 안동 등 네 곳에서 진행되었다. 협의회가 푸드뱅크와 좋은이웃들 등 기존 시스템과 연계해 주민돌봄센터를 운영하는 방식은 민관협력에 의한 새로운 형태의 주민돌봄사업이다.

사회복지사 3명 배치를 전제로 예산이 책정되었는데, 사무실 운영비와 인건비를 포함해서 1억2천만 원으로 결정되었기 때문에 1인당 임금이 3,500만 원 정도 수준에 그쳤다. 타 부처와 협의하면서 스스로 사회복지 종사자의 임금수준을 낮게 책정해서 제안했다는 점이 못내 아쉬웠다. 예산을 세우고 집행하는 규모와 시각의 문제일 수도 있겠으나, 사업 집행에서 특히 처우문제는 지속가능성과 직결되기 때문에 더 신중하게 생각했어야 했다.

이 사업은 지역복지공동체 구축이라는 협의회 비전과 일치하는 프로그램이라 아쉬움이 더했다. 적극적으로 사업을 직접 수행하지 못하고, 협의 조정해서 사업에 참여하는 수동적인 형태로 진행되었다는 점이다. 지역 주민이 참여해서 지역의 현안문제를 해결해나가는 프로젝트는 마을기업 육성, 복지프로그램 지원, 도시재생 등과 맞물려 새로운 도전의 연속이었다. 도시형 시범사업은 빌리지 드림업(Village Dream-up), 줄여서 '빌드업' 사업으로 8곳에서 진행 중이다.

장난감도서관은 지자체의 지속적 지원이 핵심

장난감도서관은 어린이들에게 고가의 장난감을 대여해주는 곳이다. 지자체가 공간과 인건비, 운영비를 대고 각 지역 협의회나 지역 육아종합지원센터가 운영한다. 주택도시보증공사(HUG)는 장난감도서관 인테리어공사를 맡고 장난감을 구매해서 채워주는 역할을 하는데, 2억원 정도 예산이 든다.

협의회와 HUG는 부산 동래구 임대아파트에 장난감도서관 1호점을 열었다. 아파트 관리사무소 1층의 여유 공간을 활용했다. 'Mom's HUG'라는 간판을 내건 장난감도서관은 반응이 폭발적이었다. 주택도시보증공사는 자사의 약자가 브랜드와 일치한다는 점 때문에 아주 만족스러워했다.

곧이어 경남 고성군에 2호점을 열고 이어서 충북 옥천군에 3호점이 들어섰다. 충북 옥천군 장난감도서관은 '동동놀이터'라는 이름을 붙였다. 장난감도서관은 저출산 극복 사업으로 추진됐다. 아이 키우기 좋은 대한민국 만들기의 일환으로 추진된 사업이다.

아이가 돌 지나면 장난감이 부쩍 필요해진다. 장난감도서관에서 다양한 장난감을 빌려올 수 있다는 것은 큰 혜택이다. 장난감도서관이 다른 곳으로 옮겨가자, 엄마들이 유모차를 끌고 나와 시위를 벌이기도 했다. 이 매력적인 사업도 어려움이 없지 않았다. 기업은 회장만 바뀌어도 분위기가 확 바뀌기 마련이다. 제안해서 예산지원을 하기로 했다가도 기업 대표가 교체되면서 갑자기 취소되는 일이 발생하기도 했다.

장난감도서관을 운영하는 센터 근무자들에게 설문조사를 했다. 장난감도서관을 운영하면서 겪는 리스크 중에서 가장 큰 위험부담이 무엇이냐는 질문에 지자체의 지속적인 지원 여부가 핵심이라고 응답했다. 설문조사 결과를 반영해, 각 지자체의 보육정책과를 찾아가서 홍보하는 방식으로 사업추진 방향을 급선회했다. 지자체가 스스로 홍보하고 지자체별로 신청을 독려하도록 한 셈이다.

젊은 엄마들이 뜨거운 반응을 보이는 이 사업은 지자체로서도 크게 득이 되는 사업이다. 우선 소독관리와 놀이체험 프로그램 운영 등 일자리 창출이 가능하고, 젊은 여성 유권자들의 마음을 사로잡을 수 있는 매력적인 사업이다. 난제인 출산율을 높이는 데도 직간접적인 도움이 되는 다목적 사업이다.

최근에는 안산과 경남 산청에 5호점과 6호점을 개점했다. 장난감도서관은 현재로서는 지역 편차가 심한 상황이다. 장난감도서관이 있는 곳과 없는 곳의 차이가 분명하기 때문이다.

'어머니 마음'에 시정명령

지난 연말에 보건복지부에서 뜻밖의 공문이 날아왔다. "어머니 마음으로 대한민국 복지를 품겠습니다"라는 협의회의 슬로건이 빌미가 되었다. 협의회 사무실 입구에 이 슬로건이 커다랗게 내걸려 있고, 홈페이지 첫 화면에도 바로 뜬다. 이에 대해 어머니만 대한민국 복지를 책임져서야 되겠느냐는 지적이었다. 아버지도 있고 삼촌도 있는데, '어머니 마음'만 갖다 쓰면 안 되지 않느냐는 주장이었다.

양성평등 정신에 어긋나고 여성인 어머니에게만 대한민국을 품어야 할 복지 의무를 몽땅 지우는 듯한 표현은 편향되었다고 판단했다. 당연히 시정명령이 따라붙었다. 보건복지부를 통해 여성가족부가 슬로건을 가능한 한 이른 시일 안에 수정하거나 폐기하고, 그 결과를 공문으로 응답해 달라는 주문이었다.

협의회 입장은 '어머니 마음'은 사랑을 내포하는 인간의 가장 숭고한 정신이라고 보았고, 이를 성차별적 표현이라고 한 보건복지부 지적이 일단 지나치다고 판단했다. 더군다나 당시 협의회는 해당 슬로건이 정해진 지 5년이 지나 새로운 슬로건으로 "나눔행복, 행복한국, 한국사회복지협의회가 함께합니다"를 채택한 이후였다.

협의회는 '어머니 마음' 슬로건을 바탕으로 'Mom's Mind'라는 로고를 만들어서 여기저기에 사용해왔다. 로고가 들어간 머그잔을 만들어서 배포하기도 했다. '어머니 마음'이 모티브가 되어 탄생한 장난감도서관 브랜드 'Mom's HUG'도 문제를 삼으면 문제가 될 수도 있겠구나 하는 생각이 들어 아찔했다. Mom's HUG는 주택도시보증공사(HUG)의 로고가 함께 들어가 있어서 그리 만만한 상황이 아니다.

나눔혁신사업단의 K 차장은 186cm의 키다리로 입사 10년 차다. 대학원에서 사회복지를 전공하고 비영리단체에 근무하다가 협의회로 자리를 옮겼다. 입사 초기에는 경영지원실에서 총무, 계약, 인사 등의 업무를 맡았다.

지역복지지원단에서 좋은이웃들 사업을 담당하면서 처음으로 민간자원 개발업무에 뛰어들었다. 예산 확보를 위해 제안서를 들고 30여 개 기업과 공공기관을 찾아다니면서 사회공헌 담당자들을 만났다. 처음에는 그렇게 어색할 수 없었는데 계속 퇴짜만 맞다 보니 어느 순간부터 견딜 만해졌다.

전화선을 통해 전해지는 약간의 조짐을 눈치채고 전남 나주시 소재 한국농수산식품유통공사로 급히 내려갔다. 영업사원이 따로 없었다. 정부가 후원하는 사업에 참여하는 것이나 다름없다. "바로 당신네들을 위한 사업이다. 복지사각지대 발굴은 협의회의 전문영역이거니와 협의회가 전적으로 책임질 것이니 조금도 걱정할 필요가 없다. 협의회가 홍보도 적극적으로 해줄 것이다." 회의 시간 내내 마치 약장수처럼 떠벌였다.

그야말로 맨땅에 헤딩한다는 기분으로 달려들었지만, 정작 그렇게 덜컥 결정이 내려지고, 10억 원의 예산이 배정되리라고는 상상하지 못했다. 생애 첫 민간자원 개발은 그렇게 이뤄졌다. 이제는 나름대로 관록이 붙어서 물불을 가리는 정도지만, 여전히 예산을 따내겠다고 뛰어다니는 영업사원임에는 변함이 없다. 그래서 요즘도 가끔은 시골에서 농사를 짓는 아버님의 귀농 제안에 귀가 솔깃해지곤 한다.

- 최초의 빈곤실태 조사보고서
- 10년 후에는 일본이 배우러 오게 하리라
- 푸드뱅크는 한국 모델이 엄지척
- 몽골 외곽은 이동식 푸드마켓이 제격
- 국립공원 원주민에게 식량 공급
- 양도 중요하지만 질도 중요해
- 경영평가 A등급의 비결은 '공습효과'
- 포스트코로나 시대의 사회안전망
- '노동 없는 사회'에 대비해야
- 실수 없이 3일간 국제행사
- 나눔행복, 행복한국
- 1인 1나눔계좌 갖기
- 우리 동네는 우리가 책임진다
- 자주 바뀌는 담당자
- 협력의 힘이 유일한 답

많이 잘 먹여야지

최초의 빈곤실태 조사보고서

서상목 회장은 성장과 분배문제를 다룬 논문으로 1974년 스탠퍼드대학교에서 경제학 박사학위를 받았다. 1971년 논문자료 모을 겸 귀국해서 1960년대 소득분배 자료를 분석해보니, 고도성장 중에도 오히려 소득분배 상태가 좋아진 것으로 나타났다. 당시 연간 수출이 40%씩 증가하면서 노동집약적 산업이 급성장하게 되고, 동시에 일자리가 늘어 실업률이 줄어들고 임금수준도 올라갔다. 고도성장에도 불구하고 분배가 개선된 셈이다.

노벨경제학상을 수상한 사이먼 쿠즈네츠가 내세운 가설에 따르면 경제성장 초기에는 분배가 악화된다고 되어있다. 남미 국가 자료로 분석한 쿠즈네츠의 주장이 당시 우리 현실과는 부합되지 않는다는 사실을 밝힌 이 논문은 세간의 눈길을 끌었다.

서 박사는 1973년 미국 첫 민간인 국방장관을 지낸 맥나마라 총재 휘하의 세계은행에 들어가 소득분배과에서 일하면서 연구를 이어갔다. 5년 만인 1978년 영구 귀국해서는 KDI(한국개발연구원) 사회개발부에서 일하게 된다. 소득분배 전반에 대해 연구하던 중 빈곤실태조사에 뛰어들게 되었다. 체제전복 세력이나 할법한 빈곤 연구를 당시 청와대의 지시로 공식적으로 수행하게 된다. 연구 결과는 「빈곤의 실태와 영세민대책」이라는 보고서로 발간됐다. 연구내용은 전두환 정부의 첫 사회복지 프로젝트로 채택되어 생활보호정책과 법제정 작업으로 이어졌다. 1986년에는 국민연금제도를 연구했고, 실제로 국민연금 설계 실무에 참여했다. 그 후 사회복지전달체계 연구에 몰두했다. 연구 분야별로 발간된 3개의 보고서는 해당 분야의 고전으로 평가받고 있다.

김영삼 대통령은 1993년 말 단행한 개각에 서 박사를 보건복지부 장관으로 발탁했다. 3선 국회의원을 거쳐 2009년 당시 김문수 경기도지사의 제안으로 3년간 경기복지재단 이사장을 맡게 된다. 2017년 주변의 권유로 임기 3년의 사회복지협의회 회장을 맡아 연임 중이다. 2020년 11월 서 회장은 1928년 설립된 국제사회복지협의회(ICSW) 회장으로 선출됐다. 서 박사는 자신이 이 자리에 오기까지 '보이지 않는 손'이 자신을 복지 분야로 끌어들였다고 여겨질 만큼 우연에 우연이 겹쳤다고 했다.

사회복지 분야에 집중하게 된 서 회장은 2013년 저성장과 양극화의 악순환에서 벗어나는 해법을 제시한 『웰페어노믹스』를 발간했다. 이어서 2020년에는 『균형시대』를 출판해 신중년과 복지 사각지대 문제, 근로장려금 제도 등 현실문제와 정책을 소상히 풀어서 설명하고 새로운 해법을 제시했다. 서 회장은 경제학적 관점에서 사회복지를 들여다보니 오히려 문제의 해법을 찾아내기가 수월했다고 말했다.

복지문제를 정부가 혼자 떠안고 해결하던 시대는 이미 지나갔다.

서 회장은 정부와 민간이 협업해야 하는 상황에서 민간복지계의 대표가 협의회라고 역설했다. 시민단체는 물론이고 기업과 개인이 정부와 함께 달려들어야 비로소 풀 수 있는 복지문제가 눈앞에 쌓여있다고 했다.

모두 함께 만들고 누리는 복지사회를 구현하는 것이 목표라는 서 회장은 복지사회 구현을 위해 협업하는 한 축을 맡고 있다는 것만으로도 큰 사명감과 자부심을 느낀다고 했다.

10년 후에는 일본이 배우러 오게 하리라

사회복지에 경제와 경영을 버무려 넣고 ICT 기술을 접목해 스마트복지 모델을 개발하는 일도 서 회장이 집중하고 있는 관심사다. 우리 실정에 맞는 효과적인 프로그램을 만들어 추진해보고 보완해서 프로그램이 완성되면 세계적으로 보급하겠다는 생각이다.

스웨덴식 복지시스템이 모양새도 좋고 이론적으로는 앞서있으나, 개발도상국에 적용하기에는 돈이 너무 많이 드는 치명적인 문제점이 있다고 했다. 종국에는 보건과 복지를 융합한 스마트복지 개념, 말하자면 K-사회복지 모델을 새로 개발하겠다는 것이 서 회장의 구상이다. 마침 한국이 국제사회복지협의회 회장국이니만큼 4년 임기 중에 가칭 'Global Center for Smart Welfare(GCSW)'를 설립해 롤모델 역할을 해보겠다는 각오다.

서 회장은 취임하자마자 직원 전원을 6층 강당에 모아두고 30분간 강의했다. 협의회가 정체성 위기에 빠져있다고 판단했기 때문에 협의회의 역할을 분명히 정리할 필요성이 있다고 생각했다.

협의회는 조정기능과 가교역할을 하도록 되어 있지만, 현실적으로는 읍 · 면 · 동 단위까지 사회보장협의체를 따로 설치해 계획과 예산을 관장하고 있다. 실행기관으로는 시 · 군 · 구 단위까지 종합복지관이 따로 있고, 광역단체와 기초단체들이 앞다투어 사회복지재단을 설립해서 운영하고 있다.

서 회장이 첫 번째로 강조한 것은 4차 산업혁명 시대에 걸맞은 협의회의 역할과 위상을 찾아가자는 것이었다. 서 회장은 사회복지 4.0을 선언하면서 사회혁신과 지역복지공동체를 2개 중심축으로 삼자고 주장했다.

일본 전국사회복지협의회 회장은 공동모금회 회장을 겸하고 있다. 업무도 시 · 정 · 촌 협의회가 직접 모금해서 지역 사회복지사업에 지출할 수 있는 구조다. 위에서 하향식으로 내리누르는 것이 아니라 밑에서 풀뿌리 모금을 해서 위로 올리는 상향식 운영방식을 구사하고 있다. 당연히 지역 현안이나 드러난 문제점을 전제로 모금이 이뤄지고, 거둔 돈은 바로 그 문제해결을 위해 사용되는 방식이다. 반면 우리 공동모금회는 중앙집중식에다 대기업 중심으로 모금해서 사업별로 예산을 배분한다. 이런 차이는 구조적인 문제여서 지금으로서는 어쩔 수 없다.

협의회는 현재 가지고 있는 자원과 제도를 이용해 사회복지 4.0으로 전진해야 한다. 협의회가 운영 중인 나눔위탁사업은 푸드뱅크와 자원봉사, 멘토링, 사회공헌, 사랑나눔펀드의 다섯 가지다. 협의회는 우리 사회를 변화시킬 수 있는 커다란 지렛대를 5개나 지니고 있는 셈이다.

이런 비전은 매년 단행본 발간을 통해 선포되고 전 직원이 공유하는 과정을 거치게 된다. 첫해에 『사회복지 4.0』이 발간되었고 뒤이어

『가치를 창출하는 사회공헌』, 『사회적 가치시대를 연다』, 『행복한국 만들기와 자원봉사』가 책으로 나왔다.

서 회장은 나눔사업을 활성화해서 사회혁신을 선도하는 기관이 되자고 외치고, 지역복지공동체를 구축해 사회적 가치를 창출하자고 주장했다. 직원들을 향해 우리가 시대적 가치를 선도해야 한다고 거듭 강조했다.

취임하자마자 일본 사회복지계로 견학 가서 전국사회복지협의회의 위상을 눈으로 확인한 서 회장은 돌아오면서 "10년 후에는 일본이 한국으로 배우러 오도록 하고야 말겠다"라고 각오를 다지기도 했다. 얼마 후 국제회의에서 만난 홍콩 사회복지협의회 회장의 초청으로 직원들과 홍콩을 방문한 서 회장은 놀라지 않을 수 없었다. 홍콩 협의회는 예산의 30%만 정부 지원을 받고 나머지는 자체 조달하고 있었다. 홍콩 협의회는 사회적기업진흥원처럼 사회적기업을 지원하는 동시에 지역사회공헌 인정제를 운영하고 있었다. 조그만 도시국가인 홍콩에서 18년 만에 3,500개 기업이 인정을 받았고, 그렇게 칭찬받은 기업들이 앞장서서 사회공헌사업을 견인하고 있었다.

CSR(기업의 사회적 책임)과 ESG(환경보호, 사회공헌, 윤리경영)의 근본적인 차이점은 기업의 자발성에 있다. ESG는 투자자와 소비자 입장에서 평가하겠다는 의미이고, 그렇게 하지 않으면 투자도 받을 수 없고, 제품을 사지도 않겠다는 뜻이다. 기업이 자발적으로 움직일 수밖에 없고, 이 방향으로 굉장한 수요가 몰릴 수밖에 없는 구조다. 여기서 중요한 것은 전문성이다.

서 회장은 사회공헌센터 담당자들에게 끊임없이 전문성을 주문했다. 한국 최고의 전문기관으로 인정받아야 한다고 거듭 강조했다. 홍콩 모델을 벤치마킹해 2019년 지역사회공헌 인정제를 처음으로 시행했고, 계간지 『Social Innovation in the Community』와 『사회공헌백서』를 발간했다. 또 연 1회 한양대와 미국 스탠퍼드대가 공동으로 국제학술대회를 개최했다. 2022년에는 여기에 영국 옥스퍼드대도 참여하기로 결정했다. 내용을 국제적인 수준으로 끌어올린 계간지는 2022년부터 영문으로도 발간될 예정이다. 서 회장은 협의회의 사회공헌센터가 전 세계적으로 인정받는 전문기관으로 당당히 자리매김하기를 원하고 있다.

푸드뱅크는 한국 모델이 엄지척

푸드뱅크는 1960년대 후반 미국에서 남아서 버려지는 음식을 체계적으로 모아서 배분하고자 고안된 시스템이다. 시카고에 있는 Feeding America는 200명이 넘는 직원들이 운영하고 있다. 현재 우리나라 푸드뱅크 규모는 외형상 미국 다음으로 큰 호주와 세계 2위 자리를 다툴 정도로 급성장했다. 외환위기 때 출범한 한국 푸드뱅크가 이렇게 급성장한 배경에는 정부의 적극적인 지원이 있다. 법제화해서 시스템을 구축하고, 기부에 대한 세제 혜택을 유인조건으로 내걸어 짧은 기간에 양적으로 급성장을 이뤄낸 덕분이다.

서 회장은 취임을 앞둔 2016년 12월 전임 차흥봉 회장의 소개로 당시 한국을 방문 중이던 글로벌푸드뱅킹네트워크(GFN, Global Foodbanking Network) 리사 문 회장과 만날 기회가 있었다. 이 자리에서 서 회장은 리사 문 회장에게 한국식 푸드뱅크에 대해 "개발도상국은 시민의식이 성숙하지 않은 데다, 푸드뱅크의 역사가 짧아 신뢰성에 크게 의

존할 수밖에 없기 때문에 자발적이고 순수한 민간조직보다는 정부가 배경이 되어주는 한국 모델이 더 적합하다"고 자세히 설명했다. 리사 문은 2019년 3월 영국 런던에서 열린 GFN 연례회의에 서 회장을 토론 패널로 초청해 한국형 푸드뱅크 모델을 설명해줄 것을 요청했다.

이런 인식을 배경으로 2019년 10월에는 서울에서 '아태푸드뱅크 콘퍼런스'가 열렸다. 협의회가 주관하고 보건복지부와 GFN이 주최한 이 행사는 아시아태평양 국가와의 교류로 국제협력을 강화하고 빈곤 문제 해결에 공동 대응하기 위해 마련됐다. 5일간 진행된 콘퍼런스는 두 가지 프로그램으로 운영되었다. 한국 푸드뱅크 모델을 중심으로 아태지역 내 신규 푸드뱅크 설립을 지원하여 대상국의 빈곤 완화에 기여하고자 하는 '신규 푸드뱅크 육성프로그램'과 아태지역 푸드뱅크 운영 국가 간 네트워크 강화의 장을 마련하는 '아태지역대표단 네트워크회의'다.

푸드뱅크 육성프로그램에는 뉴질랜드, 대만, 말레이시아, 몽골, 베트남, 싱가포르, 인도, 인도네시아, 중국, 태국, 필리핀 등 12개국이 참여해 푸드뱅크 설립에 필요한 필수항목 교육과정을 중심으로 진행했으며, 서울광역푸드뱅크 물류센터와 노원구 푸드마켓을 방문했다.

아태지역 푸드뱅크 대표단 회의에는 한국, 대만, 싱가포르, 중국, 호주, 홍콩의 6개국이 참여했다. 아태지역 푸드뱅크의 미래전략을 논의하고, 푸드뱅크 운영 안정화를 모색하기 위한 네트워크 구축에 대한 의견을 나눴다.

협의회 전국푸드뱅크는 당시 이미 '한국형 푸드뱅크 모델 전파사업'을 전개해 2019년 7월 몽골 울란바토르를 방문해 정부와 업무협약을 체결했고, 8월에는 베트남과 업무협약을 맺었다.

행사를 이끌었던 당시 푸드뱅크사업단 K 단장은 "한국형 푸드뱅크는 민간기업과 공공단체의 협력이 전제된 우수한 모델로, 체계적이고 독창적이라는 평가를 받았다"면서 "전국푸드뱅크는 몽골 · 베트남을 시작으로 아시아 국가 간 푸드뱅크네트워크를 추진하기로 했다"고 밝혔다. 추가적인 진전은 코로나19 사태로 다소 주춤해진 상태다.

서 회장은 2021년 연말 청와대 초청으로 열린 사회복지단체장 간담회에 참석해서 푸드뱅크 한국 모델 수출에 대해 설명할 기회가 있었다고 밝혔다. 코로나19로 인해 ICT 기술을 접목한 스마트복지센터 설립이 절실하다는 점과 푸드뱅크의 성공적인 경험을 더해서 더 넓은 의미의 한국형 복지 모델을 세계적으로 확산시킬 수 있을 것이라는 점을 언급했다고 귀띔했다.

서 회장은 'K-사회복지'의 세계적인 확산을 꿈꾸고 있다. 협의회가 주도해서 가칭 'Global Center for Smart Welfare(GCSW)'를 설립하겠다는 기존 구상과도 맞물려 있다.

몽골 외곽은 이동식 푸드마켓이 제격

아시아 푸드뱅크 실정은 아메리카대륙이나 유럽에 비교하면 아직 도입되지 않은 국가가 대부분이고, 있다고 하더라도 발전 속도가 더딘 편이다. 서 회장은 2016년 GFN 리사 문 회장으로부터 "한국형 푸드뱅크 모델이 독창적이고 효율적인 체계이니 아시아 각국에 한국형 푸드뱅크 모델을 전수해 달라"는 요청을 받았다.

협의회는 이에 따라 정부의 지원을 받아 2019년 몽골과 베트남을 시작으로 아시아지역에 한국형 푸드뱅크 모델 전파에 나섰다. 한국푸드뱅크는 정부, NGO, 기부기업, 지역사회가 긴밀하게 협력해 큰 성공을 거둔 모델로 평가받고 있다. 한국형 푸드뱅크가 급격히 성장한 배경에는 정부의 법적 · 제도적 뒷받침과 재정지원, 협의회를 비롯한 비영리단체(NGO)들의 헌신적 노력, 기부기업의 나눔문화가 있었기에 가능했다. 미국 등 주요 선진국은 민간 주도적으로 푸드뱅크를 운영하는 데 비해 한국형 푸드뱅크 사업은 정부가 적극 지원하는 긴밀한 민관협력사업이라고 할 수 있다.

대부분의 아시아 국가는 정부 주도형 정책이 시행된다는 점에서 한국푸드뱅크 모델은 아시아지역에 적용하기에 최적화된 것으로 평가된다. 2019년 10월 열렸던 콘퍼런스는 이 같은 한국형 푸드뱅크 성공 모델을 아시아 각국과 공유해 아시아지역 결식문제 해결노력과 기부문화 활성화의 계기가 됐다.

2019년 8월 27일부터 3박 4일간 한국푸드뱅크 모델 전수를 위한 베트남 하노이 방문이 진행됐다. 푸드뱅크 사업 전수를 위한 베트남 노동보훈사회부 사회부조국과 양해각서가 체결되었고, 베트남 푸드뱅크 예비 관계자와 면담을 통해 한국형 푸드뱅크 추진방안이 논의됐다.

한국형 푸드뱅크 모델 전수를 위한 몽골 울란바토르 지역 조사도 펼쳐졌다. 아직까지 푸드뱅크 제도를 도입하지 않은 몽골에 푸드뱅크를 설립하기 위해 현지 심층 인터뷰와 지역조사가 2019년 6월 30일부터 10박 11일 동안 실시됐다.

현지조사를 진행하면서 몽골 현지 사정으로 효과적인 전달체계를 확보하는 것이 쉽지 않아 보였다. 도시 빈민층은 그나마 정주성을 유지하고 있어서 다행이었지만, 외곽 빈민층은 계절에 따라 빈번하게 이동하기 때문에 대상자를 특정해서 물품을 전달하는 것 자체가 힘들어 보였다. 당시 동행했던 20년 경력의 서울광역푸드뱅크 센터장은 이동식 푸드마켓 차량을 동원하면 어떨까 하는 의견을 냈다. 특정 지점을 정해놓고 차량이 정기적으로 방문해서 그곳으로 대상자들이 찾아오도록 하는 방식을 이용하자고 했다. 그렇게 하더라도 도로 사정이 열악하고 기후변화가 심해서 쉬운 일은 아닐 것으로 예상되었다.

한국푸드뱅크는 기업과 개인으로부터 식품과 생활용품을 기부받아 아동, 노인, 장애인 등 연간 31만 명의 저소득층과 1만5천여 곳의 사회복지시설을 지원하고 있다.

전달체계는 협의회가 운영하는 전국푸드뱅크를 비롯해 17개 광역푸드뱅크와 300여 개 기초푸드뱅크, 130여 개 기초푸드마켓을 통해 지역사회 취약계층이 이용하는 시스템이다. 또한 푸드뱅크가 운영하는 기부물품관리시스템(FMS)은 기부물품 모집부터 배분까지 전 과정을 투명하게 보여줄 뿐 아니라 중앙물류센터와 17개 광역지원센터를 운영해 기부물품을 체계적으로 관리하고 있다.

기부물품 규모는 2020년 한 해 동안 2,118억 원의 기부식품을 모집했다. 1998년부터 현재까지 기부누적액이 2조1천억 원에 달한다. 2022년에는 약 2,250억 원에 달할 것으로 전망된다. 특히 푸드뱅크에 대한 기업들의 신뢰도가 높아 기부물품은 더욱 늘어날 것으로 기대된다. 연간 1만3천여 개에 달하는 기부기업이 참여하고 있다.

협의회 푸드뱅크사업단 강훈 단장은 "복지 사각지대를 해소하기 위해서는 공공복지전달체계를 보완하는 민간복지전달체계의 역할이 중요하다"면서 "복지 사각지대가 여전히 존재하기 때문에 민관이 더욱 유연하고 신속하게 대응할 필요가 있다"고 말했다. 푸드마켓은 지역 내 이용자에게 월 한도 일정액 내에서 식품 등을 제공하면서 인근 편의점과 유사한 맞춤형 지원서비스 체계를 유지하고 있다.

국립공원 원주민에게 식량 공급

아시아지역 푸드뱅크 육성지원을 위한 '2021 아시아 푸드뱅크 콘퍼런스'는 온라인으로 개최됐다. 10월 26일부터 이틀간 열린 회의 주제는 '코로나 시대 푸드뱅크의 역할: 푸드뱅크와 기업의 ESG'였다. 협의회가 글로벌푸드뱅킹네트워크(GFN)와 함께 개최한 회의에는 말레이시아와 몽골, 베트남, 태국 등 4개국이 참석했다.

리사 문 GFN 회장은 기조 강연을 통해 코로나19로 세계적인 기아 위기가 한층 고조되었다고 진단하고, 현재 전 세계 영양부족 인원이 7억2천만 명이나 되고 식량난을 겪는 사람은 23억7천만 명에 달한다고 밝혔다. 2015년 측정이 시작된 이후 식품 손실과 유통폐기물이 전체 식품의 30%에 이른다는 보고내용을 소개했다. 전 세계 49개 푸드뱅크 네트워크가 6만 명의 파트너들과 함께 노력해서 44개 파트너 국가에 24억 명분의 식사, 88만 톤의 식량이 배분되었다. GFN은 휴교, 봉쇄령, 공급망 장애에도 불구하고 매달 평균 20만 명 이상의 추가 서비스 인력을 동원해 격리된 지역사회에 음식이 도달할 수 있도록 노력했다고 알렸다.

패널토론으로 진행된 '사회적 책임을 위한 기업과 이해관계자의 협업' 세션에서 지정토론자로 참석한 몽골 과학기술대학교 우간바야르 투무르후 교수는 경험 부족으로 몽골의 푸드뱅크 네트워크가 아직은 미흡함을 인정하면서 민간부문과 기업을 연결하는 노력이 시급하다고 밝혔다.

태국 SoS(Scholars of Sustenance) 보 홈그린 대표는 2017년 정부가 기업의 ESG 활동을 보고하도록 비교적 엄격한 요건을 내세워 규제하고 있지만, 현실적으로는 아직 미흡한 상태라고 말했다. 코로나19로 관광업과 제조업이 무너지면서 식량 손실도 발생해 전국적인 푸드뱅크 네트워크의 필요성이 절실하다고 밝혔다.

한국생산성본부의 정승태 본부장은 식품 유통에서 대기업의 식품 원재료를 납품하는 공급망 내 기업들의 ESG가 중요하다고 지적하고, 공급망과 관련된 기업의 ESG 모니터링이 필요하다고 강조했다. 유럽연합은 2021년 3월 공급망 ESG 실사 의무화 법안을 통과시켰고, 2023년부터는 유럽의 상품과 서비스를 거래하는 모든 기업은 ESG 요구에 대응해야 할 의무가 발생한다고 설명했다.

운영사례와 향후 계획발표에서 푸드뱅크 베트남의 레넥투이 공동설립자는 지역 사정에 따라 11개 모델을 운영 중이라고 밝혔다. 영업시간 외에 소외계층을 대상으로 식사를 제공하는 나눔식당 모델과 푸드뱅크 창고에 보관 중인 1일 2천 식을 바로 요리해서 제공하는 러브치킨 모델, 코로나19로 개인과 자선단체의 기부가 끊겼을 때 차량으로 식품을 직접 배달하는 이동식 식사 모델, 병원과 야외병원, 검역소에 15만 명분을 제공한 '음식에 마음을 담다' 프로젝트 외에 근로자에게 300톤 식품 배분, 농산물을 농장에서 푸드뱅크까지 배송하는 농장-푸드뱅크 연결 모델, 임시슈퍼를 동원해 표준가격으로 500톤 이상의 식품을 배분한 식품공유시장 모델, 필수인력을 위한 숙박과 음식물을 제공한 커뮤니티호텔 모델, 지원 식품과 함께 산소병과 마스크 구급차 서비스까지 동원된 'Hospital at Home' 모델, 40만 개 이상의 월병과 포장식품을 나눠준 중추절 축제 모델 등이다.

이 단체는 1천여 명의 자원봉사자를 동원해 3,300톤의 음식과 식재료를 기부받아 150만 명에게 서비스를 제공했다고 공개했다. 500개 이상의 파트너가 참여했고, 지역적으로는 4개 주와 도시에 걸쳐 시행했다고 밝혔다.

태국 SoS 제임스 리슨 레넉투이 총괄매니저는 비영리 식품구호재단인 SoS가 식당과 호텔, 소매업, 식품제조업체에서 나오는 잉여 식량을 기부받아 지역사회에 재분배하는 일을 시작했다고 밝히고, 2025년까지 전국적인 푸드뱅크를 설립하는 것을 목표로 삼고 있다고 설명했다. 잉여 식품을 기부받는 Food Rescue 프로그램과 기부받은 식재료로 자원봉사자들이 식사로 조리해서 배분하는 Rescue Kitchen 프로그램 등 2개 트랙을 운영 중이라고 밝혔다. 2021년부터는 10개 식품교육 프로그램을 운영하고 있다고 설명했다.

몽골 사회복지협의회 출템-어치르 먀닥마 푸드뱅크 이사는 2020년 처음 시범사업을 수행했고, 정부 노동사회복지서비스청 내에 푸드뱅크 사무실을 마련했다고 밝혔다. 칸부르게테이 지구에 소규모이지만 식품보관창고를 지었고, 인지도를 높이는 홍보효과를 위해 '푸드뱅크 몽골' 오픈데이 행사도 개최했다. 또한 정부는 코로나19에 대응해

푸드스탬프 프로그램의 식품 구매량을 2배로 늘렸다. 이마트에서 운영하는 푸드뱅크 코너와 항부르그데이그룹을 포함한 NGO 활동에 대해서도 보고했다.

말레이시아 Kechara Soup Kitchen Society 저스틴 차이 운영매니저는 코로나19에 따른 지역 봉쇄로 식량 공급이 안 되는 도시 외곽지역을 대상으로 식량 배급을 지원하고, 관광 수입에 의존하던 국립공원 원주민에게 식량을 공급했다고 설명했다. 코로나19로 인해 일반인들의 식품 사재기가 발생한 가운데, 기부식품을 확보하기 어려운 상황에서 정부가 직접 식품을 구매해서 수요자에게 전달하는 해프닝을 겪었다고 했다. 무엇보다 국가 단위의 푸드뱅크 설립 필요성을 절실히 느끼고 있다고 말했다.

양도 중요하지만 질도 중요해

취약계층 아동을 대상으로 한 '호프 푸드팩'은 글로벌푸드뱅킹네트워크(GFN)가 2만1,250달러를 기부한 것을 계기로 2019년 시범사업을 시작했다. 처음에는 큰 주머니에 다양한 식품을 넣어 제공했다. CJ 제일제당은 이 일을 자사 식품 패키지를 이용해서 단독으로 진행하겠다고 푸드뱅크에 제안했다. 방향이 잡히면서 푸드뱅크는 CJ 측과 조율에 나섰다.

CJ는 영양과 질을 내세워 내용물을 구성하고자 했다. 푸드뱅크는 아동이 굶는 것을 막아야 한다는 취지를 앞세워 양적인 면을 강조했다. 그래서 참치캔이나 햇반, 국 등으로 든든한 식사가 될 수 있도록 구성해줄 것을 당부했다. 반면, CJ 측은 질적인 면이 더 중요하다면서 유산균 제품이나 건강보조식품을 포함했다. 건강을 고려해서 작지만 알찬 제품들로 채운다는 주장이었다. 이렇게 양과 질의 논쟁을 거쳐 마련된 호프 푸드팩은 CJ 후원으로 연간 2천 명의 지역아동센터 어린이들에게 배분되었다.

'이머전시 푸드팩'은 자연재해나 인적재난으로 갑자기 어려움을 당한 사람들에게 지급되는 구호식품이다. 선지원 후 주민센터가 이용 신청을 받아서 사후 지원책을 마련하는 프로그램이다. 푸드뱅크에 꾸준히 기부해오던 농심이 이 사업에 대해 단독후원을 제안했다. 2021년 농심은 10개 지역에 1만 개의 이머전시 푸드팩을 공급했다.

코로나19로 대면 접촉이 문제가 되면서 푸드뱅크도 큰 변화를 겪었다. 직접 식품을 나눠주는 푸드뱅크 기초사업장에 '무인 푸드뱅크'가 등장했다. 대면 접촉 없이 대상자가 방문해서 가져갈 수 있는 설비를 갖춘 것으로, 현재 4개 지역에서 시범운영 중이다.

푸드뱅크에서 취급하는 식품 단위는 원래 장부가격을 기준으로 한 식품 가격이었다. 전국푸드뱅크 발족 이래 가격 기준으로 취급해오던 유통 단위가 2019년부터 무게 단위를 병행하는 것으로 변경되었다. GFN 통계 기준이 무게이기 때문이다. 하지만 가격-무게 병행은 저울 도입이 늦어져 전면적인 시행이 지연되고 있다. 2022년에는 중앙푸드뱅크와 17개 시 · 도 광역푸드뱅크에 우선 저울을 갖출 예정이다.

경영평가 A등급의 비결은 '공습효과'

서상목 회장은 2021년 연말 종무식에서 협의회가 '잘하고 있는 여섯 가지'를 꼽아 직원들의 노고를 격려하면서 한 해를 마무리했다. 협의회로서는 송년을 맞아 지난해 업무성과에 대해 자화자찬을 늘어놓은 셈이다.

첫 번째로 꼽은 것은 경영평가 2년 연속 A등급이었다.

공공기관 경영평가에서 협의회가 2년 연속 A등급을 받은 것은 분명히 자랑할 만한 일이다. 종전에는 줄곧 B등급을 받았고, 언젠가는 C등급을 받기도 했다. 서 회장 취임 첫해에 A등급을 받고 이듬해 B등급을 받은 다음이어서 이번에 2년 연속 A등급을 받아낸 것은 큰 변화였다. 변화의 시작은 목표를 분명히 하는 것에서 시작되었다. 매년 연초에 뚜렷한 슬로건을 내걸고 그에 따른 부서별 · 분야별 세부계획을 세워서 열심히 노력하는 방식이 통한 셈이다. 말하자면, 미리 경영목표를 분명히 정하고 연말까지 노력해서 그 목표를 달성하거나, 심지어 초과 달성하는 성과를 이뤄낸 결과였다. 직원들의 목적의식이 뚜렷해진 데다 그 목적이 시대정신에 부합하고, 더하여 나름대로 성과를 이뤄냈기 때문에 가능한 일이었다.

서 회장은 매사에 스토리가 있어야 한다고 강조했다. 경험과 자원을 바탕으로 깔고 시대정신과 정치 상황에 맞게 자원의 재배치가 이뤄져야 하고, 이를 잘 엮어서 스토리메이킹이 되어야 효과적인 경영이 가능하다는 게 소신이었다. 새로운 목표와 어젠다를 앞장서서 내세우고 직원들을 독려하는 서 회장의 경영방식을 '공습'에 비유하는 직원도 있었다. 공군 전투기가 목표물을 타격하듯이 타깃을 때려서 불이 나고 연기가 피어오르면, 직원들은 돌격하는 지상군처럼 그 불빛과 연기를 보고 쫓아가기 바쁜 한 해였다고 표현했다.

서 회장이 자꾸 새로운 일을 꾸며내고 없던 일거리도 만들어서 업무량을 키우는 점에 대해 불만의 목소리도 없지 않았다. 급여는 적고 일은 많은데 짐 위에 짐을 더 얹는 것 같다는 불평이었다. 이 장면에서 서 회장은 정부는 망할 일이 없지만, 협의회는 망할 수 있다는 점을 강조했다.

주어진 일을 시원찮게 하고 뭉그적거리다 보면, 과거처럼 우리 업무가 다른 데로 빠져나갈 수 있다는 점이다. 실제로 협의회가 하던 업무 중 상당수가 떨어져나가서 별도기관으로 독립한 사례가 많다. 사회복지공동모금회와 한국사회보장정보원 등이 대표적이다. 이런 일이 다시 생기지 않으려면 기업경영 하듯이 치열하게 스스로 상황을 헤쳐나가는 풍토를 만들어야 한다는 것이 서 회장의 일관된 주장이다.

두 번째는 협의회의 대외인지도와 이미지가 크게 높아졌다는 점이다.

한국기업평판연구소가 실시한 기관 브랜드가치 조사에서 200여 개 기타공공기관 중 협의회가 한때 2위에 올라섰다. 1위는 적십자사이고, 서울대병원이 5위였다. 이는 빅데이터를 기반으로 조사한 덕분이기도 했다. 협의회는 그동안 사소한 일에도 보도자료를 내놓고 조그만 행사에도 의미가 있다고 판단되면 사진자료를 포함해서 보도자료를 꾸준히 내보냈다. 다양한 인터넷 매체들이 보도자료를 실어줬고, 한번 입력되면 절대로 잊지 않고 잘 기억하는 빅데이터에 꼬박꼬박 기록을 남기게 된 것이다. 빅데이터를 기반으로 평가가 이뤄지면 빈도가 중요해진다. 또 협의회가 하는 일이 모두 나눔사업이나 지원사업이다 보니 모든 자료의 호감도가 높아 '좋아요'가 따라붙을 수밖에 없었다는 점도 크게 작용했을 것으로 추정된다. 어쨌든 브랜드가치 2위는 남들이 알아주지도 않는 구석에서 열심히 노력해온 협의회로서는 너무나 고맙고 반가운 결과였다.

세 번째 자랑거리는 수준 높은 출판물을 꼽았다.

매월 발행되는 『복지저널』을 비롯해 사회혁신 계간지인 『Social Innovation in the Community』, 사업 부문별로 매년 발간되는 백서, 매년 한 권씩 발간해온 대표 연구보고서 등이다. 대외적으로 배포되는 출판물 수준은 곧바로 협의회의 품격과 같았기 때문이다. 각 출판물이 분야별로 가장 권위 있고 수준 높은 전문서적으로 자리 잡아야 한다고 보는 것이다. 특히, 사회혁신 계간지 『Social Innovation in the Community』는 2022년부터는 영문판도 출간하기로 했다.

네 번째는 협의회의 국제적 위상이 한층 높아졌다는 점이다.

우선 한국이 국제사회복지협의회(ICSW) 회장국이 되었다. 협의회는 글로벌푸드뱅킹네트워크(GFN)와 아태푸드뱅크 콘퍼런스를 열고 국제사업을 진행했다. 특히 몽골, 베트남과는 협약을 체결하고 푸드뱅크 시스템을 전수하는 일을 추진해오고 있다. 또한 매년 사회혁신 국제학술대회를 개최하고 있다. 이런 노력 끝에 지난해부터 서 회장이 임기 4년 선출직인 ICSW 회장직을 맡게 된 것이다.

다섯 번째는 협의회가 복지계는 물론 재계, 공공기관과의 유대 협력이 강화되었다는 점이다.

사회공헌센터는 지역사회공헌 인정제를 통해 기업은 물론이고 공공기관까지 진단하고 평가하면서 매년 인정기업과 기관을 발표하고 있다. 나눔혁신사업단은 나눔사업에 기업이나 공공기관을 연결해서 실행하고, 사회적 가치를 창출하는 사회적기업이나 사회혁신가를 발굴하고 육성하는 업무를 추진 중이다. 전국푸드뱅크는 대부분 기업이나 개인 기부에 의해 전국적인 푸드뱅크 사업을 진행 중이다.

여섯 번째는 정부 부처와 관련 학계와도 유대 협력을 강화하고 있다는 점이다.

보건복지부 산하기관인 협의회는 국토교통부와 새뜰마을사업에 참여했고, 행정안전부와는 지역복지공동체 사업을 추진하고 사회혁신 사업으로 사업영역을 확대하고 있다. 나아가 지역사회공헌 인정제와 관련해 평가기준 개발에 표준협회의 도움을 받아 이를 국제적인 기준으로 끌어올렸고, 한양대학교, 미국 스탠퍼드대학교와 협력해 사회혁신 국제세미나를 개최해오고 있다. 2022년에는 영국 옥스퍼드대학교까지 참여가 확대되는 국제학술대회로 치러질 예정이다.

현재 협의회가 갖추고 있는 역량과 자원은 어떤 의미에서 어마어마하다고 할 수도 있다. 자발적으로 움직이는 890만 명의 자원봉사자가 있고, 푸드뱅크를 통해 식품과 생활용품을 조달할 수 있으며, 사회공헌센터를 통해 기업과 네트워킹이 된다는 점은 엄청난 강점이다.

보건복지부의 양해를 얻어서 국토교통부와 도시재생사업과 관련된 협력사업을 추진 중이고, 농어촌에서 진행하는 새뜰마을사업에도 업무협력을 하고 있다. 행정안전부와는 사회혁신이 전제된 지역복지공동체 구축사업을 함께 진행하기로 업무협약을 체결했다. 이런 흐름의 배경에는 협의회가 그동안 정성스럽게 가다듬어온 자원과 네트워크가 존재한다는 사실을 부인하기 어렵다.

포스트 코로나 시대의 사회안전망

2020년 11월 국제사회복지협의회 총회는 온라인으로 진행되었다. 전임 회장인 스웨덴 에바 홈베르크헤르스트롬(Eva Holmberg-Herrström) 변호사가 주재한 총회에서 서 회장이 단독으로 출마해 차기 회장으로 선출됐다. 당시 화상회의는 협의회 6층 회의실에서 진행됐다. 여세를 몰아 2021년에는 보건복지부로부터 6억 원의 예산을 받아 네 번의 국제포럼을 진행했다.

국제사회서비스프로젝트(IPSS, International Project on Social Service)의 일환으로 우선 스마트복지를 전제로 한 개발도상국 사회서비스 조사를 진행했다. 조사자료는 KOICA의 공적개발원조(ODA)사업에도 유용할 터였다. 국제포럼의 공식적인 명칭은 '국제사회서비스프로젝트 SDGs 포럼'이었다. SDGs 국제포럼은 국제사회복지협의회와 협력해 사회서비스 분야의 글로벌 어젠다를 제시하고, 향후 사회서비스의 새로운 방향을 논의하는 자리로 2021년 2월 26일 1차 포럼, 6월 30일 2차 포럼,

10월 14일 3차 포럼, 11월 3일 4차 포럼이 개최되었다.

1차 포럼은 스마트복지를 전제로 ICT 기술 분야를 섭렵하는 행사였다. '디지털 대전환 시대, 포용적 복지 구현과 ICT의 역할'을 주제로 포스트 코로나 시대의 사회서비스가 어떤 형태로 구현되어야 할지에 대한 것과 ICT와의 연계를 통한 발전 방향을 모색했다. 코로나19 이후 디지털 전환이 가속화될 수밖에 없고, ICT를 활용한 정책이 코로나19 이후 새롭게 재편될 사회보장 전반의 포용성을 높이는 중요한 요소로 작용할 것이라는 예상을 반영한 주제였다.

2차 포럼은 '사회적 포용과 복지를 위한 ICT의 역할'이 주제였다. ICT 기술을 활용해 사회복지 증진을 도모하기 위한 국내외 사례를 발굴함으로써 더 많은 사회복지 현장과 정책에서 활용할 수 있도록 정보를 나누고, SDGs 지속가능개발 목표 달성에 기여하겠다는 것이 목적이었다.

3차 포럼은 '빈곤과 식량문제: 아프리카 사회복지정책과 사회안전망 구축을 위한 전략'을 주제로 열렸다. 코로나19로 더욱 심화된 아프리카의 빈곤과 식량문제 현황을 살펴보고, 국제사회가 이를 해결하기 위해 무엇을 함께할 수 있는지 논의하는 자리가 되었다는 평가를 얻었다.

4차 포럼 주제는 '포스트 코로나 시대의 사회안전망'으로 잡았다. 보건복지부 · 한국사회복지협의회 · 국제사회복지협의회가 공동 개최하고, 오프라인 행사와 함께 유튜브 실시간 송출 방식으로 진행됐다.

3일간 진행된 4차 포럼에서는 코로나19 영향으로 큰 변화가 일어나면서 새로운 사회서비스 전달체계에 대한 논의가 필요한 현시점에서 사회안전망을 구축하기 위한 정부 · 기업 · 시민사회의 역할을 새롭게 모색하고자 했다. '포스트 코로나 시대의 사회안전망'이라는 주제로 오프닝 세션을 시작해서 1부 '사회안전망과 사회보장', 2부 '사회안전망과 기업의 CSR', 3부 '사회안전망과 시민사회'라는 주제를 다뤘다.

오프닝 세션에는 UC버클리대학교 닐 길버트(Neil Gilbert) 교수가 '포스트 코로나 시대 사회안전망 구축을 위한 정부의 역할', FSG 제니퍼 S. 저스터(Jennifer Splansky Juster) 전무이사가 '코로나, 그리고 기업의 역할은 무엇인가', 스콜재단 사회적기업가센터 알렉스 니콜스(Alex Nicholls) 대표가 '사회복지 기금의 혁신: 임팩트 채권(Impact Bond) 및 성과배분계약'을 각각 발표했다.

1부 '사회안전망과 사회보장' 세션에서는 FAcSS 가이 스탠딩(Guy Standing) 이사가 '기본소득: 팬데믹 시대의 윤리적 · 경제적 필수요소', 한국사회복지협의회 정책연구실 이선우 책임연구원이 '한국의 사회보장체계: 복지국가 진입과 발전방향', 핀란드 평등사회연구프로그램 책임자 올리 칸가스(Olli E. Kangas)가 '핀란드 기본소득 실험의 교훈'을 각각 발표했다. 이어 인도 타타재단 사회서비스 산디아 아이어(Sandhya Iyer) 교수가 '인도의 임금-고용 수수께끼와 보편적 기본소득', 브리티시컬럼비아대학교 레베카 하스델(Rebecca Hasdell) 교수가 '보편적 기본소득과 건강의 사회적 요소'를 발표했다.

이어서 서상목 회장을 좌장으로 사회안전망과 사회보장에 대한 종합토론이 이어졌다. 현장 토론에는 순천향대학교 김용하 교수, LAB2050 이원재 대표, 한국보건대학원협의회 최병호 회장, 한신대학교 강남훈 교수가 참여했다.

2일 차 회의에서는 '사회안전망과 기업의 CSR'이라는 주제로 5명의 연사가 발표했다. BITC 리사 맥클베나(Lisa Mcllvenna) 이사가 '더 나은 미래를 위한 협력: 비즈니스의 역할', SK 수펙스추구협의회 남재인 부사장이 'SK의 사회적가치 추구', CJ제일제당 사회공헌추진단 민희경 부사장이 '사회안전망과 기업의 CSR: CJ 사례', 이화여대 조상미 교수가 '사회적 가치 시대의 기업 CSR: 사회안전망인가?'를 주제로 발표했다.

이어서 숭실대학교 정무성 교수를 좌장으로 한 사회안전망과 기업의 CSR에 대한 종합토론이 있었다. 토론에는 명지대학교 경영학과 김재구 교수, 한양대학교 경영학과 신현상 교수, 지속가능연구소 김민석 소장이 참여했다.

포럼 마지막 날에는 '사회안전망과 시민사회' 세션이 진행됐다. 마리아나 앤턴(Mariana Anton)이 '포용적 사회안전망 시스템을 발전시키는 협력의 힘(collective impact)'이라는 주제로 발표했고, 아쇼카재단 한국지부 이혜영 대표가 '시민사회 자산의 디지털 전환과 데이터 기술 활용: 아쇼카 한국의 실험'을 발표했다. 노스캐롤라이나주립대 사회복지학과 김성주 교수가 '코로나19 시대의 시민사회단체 현황과 민관협력사례', 굿네이버스 이여울 혁신사업팀장이 '개도국 지역사회 내 코로나 대응역량 강화를 위한 시민사회의 역할'을 주제로 발표했다.

종합토론에는 연세대학교 최재성 교수를 좌장으로 한국사회투자 이종수 이사장, 광운대학교 정진경 교수, 아름다운재단 권찬 사무총장이 참여했다.

온오프믹스 홈페이지를 통해 온라인 중계가 이뤄졌고, 협의회 유튜브 공식채널인 '나눔채널 공감'을 통해 영상을 보거나 자료집을 다운로드할 수 있다. 포럼 진행 당시 국내외에서 1천여 건이 넘는 접속이 이뤄졌다. 세미나에서 발표된 논문들은 영국 다국적 출판사 라우틀리지(Routledge)에서 2권의 단행본으로 발간될 예정이다.

'노동 없는 사회'에 대비해야

국제포럼에 참여한 연사나 그들이 소속된 단체는 모두 사회혁신을 꿈꾸고, 무엇인가를 실행하며, 끊임없이 노력하는 사람들이다. 몇몇 단체와 연사는 다음과 같다.

FSG는 2000년 보스턴에 설립된 사회혁신 관련 컨설팅그룹(fsg.org)이다. "사회변화를 재구성한다(reimagining social change)"는 슬로건을 내건 이 단체는 고객과 파트너가 사회적 영향력을 달성하기 위한 새로운 방법에 대해 생각하도록 도왔다. FSG는 소매업 일선에 종사하는 여성을 발전시키는 방법에 대한 연구를 수행한 것을 비롯해, 인도에서 암기학습의 상대적 개념인 활동기반학습을 통한 조기교육 프로그램을 보급해 5만 명 이상의 삶에 영향을 미쳤다.

FSG 제니퍼 S. 저스터 전무이사는 협력의 힘, 혹은 집단적 영향 구축 분야(Collective Impact Forum)를 이끌었다. 여러 협력의 힘 활동에 참여했으며, 협력의 힘 실무자 교육프로그램을 설계했다.

스콜재단은 이베이 창업자 제프 스콜이 1999년 설립했다. 2004년부터 시작된 스콜세계포럼(The Skoll World Forum)에는 해마다 세계 각국에서 수백 명의 사회혁신가가 모여 다양한 경영기법을 활용한 혁신적인 사회문제 해결책을 논의한다. 이 포럼에서 수여하는 스콜상 수상기업은 3년 동안 100만 달러에 이르는 지원을 받게 된다.

알렉스 니콜스(Alex Nicholls)는 영국 옥스퍼드대학교 사회적기업가정신 분야의 첫 종신교수로 임명됐다. 알렉스 교수는 스콜재단 사회적기업가정신센터 설립자이자 대표다. 그는 임팩트 투자를 포함하여 사회적기업가 정신과 사회적 혁신의 여러 영역을 연구해왔다. 교수 이전에는 유럽 최대 소매업체인 존루이스파트너십의 임원이었으며, 여러 사회적기업의 이사직을 역임했다.

런던대학교 가이 스탠딩 교수는 노동경제학자로 알려져 있고, 기본소득지구네트워크(BIEN)의 공동설립자로 아시아와 아프리카 연구에 집중해왔다. 사회과학아카데미(FAcSS) 펠로우이기도 한 그는 세계화의 결과로 저임금과 열악한 직업 안정성으로 피해를 입은 신흥 노동자계층을 가리키는 '프레카리아트(precariat)'라는 새로운 개념을 고안했다. 2011년 『The Precariat: The New Dangerous Class』를 출간한 이후 무조건적인 기본소득, 숙의민주주의 등에서도 연구성과를 보였다.

핀란드 투르쿠대학교 사회연구학과 올리 칸가스 교수는 핀란드아카데미 평등사회연구프로그램 책임자다. 관심 분야는 사회정책 시스템의 비교분석, 소득분배와 사회제도의 정당성 측면에서 그 원인과 결과에 관한 것 등이다. 특히 기본소득 전문가로 「기본소득과 고용」, 「무조건 기본소득 실험: 핀란드 BI(기본소득)실험 2017~2018의 교훈」, 「핀란드, 의무취학 연령을 18세로 상향조정」 등의 논문을 내놓았다.

타타재단은 인도 재벌인 라탄 타타 회장이 1919년 설립한 자선단체다. 원래 직장 어린이집과 초등교육과정에 견습제를 도입하면서 시작되었으나 지금은 대표적이고 종합적인 사회단체로 성장했다. 산디아 아이어 박사는 타타사회과학연구소(TISS) 교수로 인간발달과 빈곤, 노동문제와 사회보장 분야를 연구했다. 이번 발표에서 코로나19로 인한 봉쇄조치가 해제된 후에도 노동 복귀가 원활하게 이뤄지지 않는 데다 복귀 노동자의 60% 정도인 2억7천만 명 정도가 정부가 정한 최저임금 이하의 보수를 받고 있다는 현실을 지적했다. 다차원적인 빈곤을 해결해야 하는 인도 현실에서 기본소득이 과연 어떤 효과가 있을지에 대해, 또 어떤 형태로 지급하느냐에 관한 문제를 해결하기 위해 여러 가지 실험이 시행되었다고 밝혔다.

LAB2050(lab2050.org)은 로봇이 인간 노동의 대부분을 대체할 것이라는 전망이 쏟아지고, 공포가 확산되고 있는 가운데 '노동 없는 미래'에 대비하기 위해 설립된 단체다. 기술혁신을 포용하는 사회혁신을 기반으로 '새로운 사회계약'을 모색해야 하고, 일자리 없는 시대에 대한 불안을 희망으로 바꿀 수 있는 담대한 상상과 실천이 필요한 시점이라고 판단했다. 지금이 바로 생산과 노동, 삶의 양식을 새롭게 디자인해야 할 때다. 디지털 전환의 시대 새로운 사회계약을 연구하고 정책을 만들며, 시민에게 전파하는 활동을 추진 중이다.

LAB2050 이원재 대표는 경제평론가로 대통령직속 저출산고령사회위원회 위원으로 문재인 정부에 미래 사회정책에 대해 조언하고 있다. 희망제작소 소장과 한겨레경제연구소 소장, 삼성경제연구소 수석연구원을 거쳤다. 기술혁신을 포용하면서도 인간의 가치를 높이는 사회를 만드는 정책대안을 만드는 데 집중하고 있다. 4차 산업혁명과 사회혁신이 만나는 곳에서 대안이 나올 것이라고 기대하고 있다.

BITC(Business in the Community, bitc.org.uk)는 1982년 영국 찰스 황태자가 창설한 비영리단체로, 사회와 공동체에 대한 기업의 책임을 촉구한다. 600여 개의 조직으로 구성된 BITC는 책임 있는 비즈니스 관행을 지속적으로 개선하기 위해 회원들과 협력하고, 지역사회의 이익을 위해 협력의 힘을 활용한다. 책임있는기업상(Responsible Business Awards)은 매년 혁신과 창의성, 기업 책임에 대한 지속적인 노력을 보여준 기업에 수여한다. BITC 리사 맥클베나 이사는 북아일랜드 지역의 팬데믹 이후 더 나은 미래를 위한 기업활동의 역할을 포함한 BBR(Build Back Responsibly) 프로그램을 소개했다.

수펙스(SUPEX)추구협의회는 SK그룹 경영의 공식적인 최고 협의기구다. 관계사 간의 참여와 협력을 통해 SK의 지속적인 안정과 성장을 이끌어간다. 수펙스추구협의회는 분야별 전문화된 위원회를 통해 '따로 또 같이'의 실행력을 제고하고 있다.

유네스코 포용정책연구소 율리아 습축(Iulia Sevciuc) 책임연구원은 포용적 성장과 사회정책 지식이 정책에 미치는 영향에 대해 유네스코와 협력해서 연구 중이다.

옥스팜 인터내셔널은 14개 기구의 연합체로, 100여 개 나라에서 3천여 개 제휴 협력사와 함께 구호 활동을 펼치고 있는 단체다. 빈곤 해결과 불공정 무역에 대항하는 대표적인 기구다. 세실 잭슨 콜이 1942년 영국 옥스퍼드대학교에서 창립해 현재 케냐 나이로비에 본부를 두고 있다.

옥스팜(Oxfam) 사회보장 지역정책 마리아나 앤턴 코디네이터는 프놈펜에 상주하면서 캄보디아, 라오스, 베트남 등 3개국의 옥스팜 프로그램을 실행하고 모니터하는 중이다. 소외계층 중에서 특히 여성들의 실태를 조사하고 정책을 수립해 집행하는 일에 전문성을 지니고 있다.

실수 없이 3일간 국제행사

협의회는 국제행사를 치르는 데도 탁월한 능력을 발휘했다. 서 회장은 협의회가 2021년 11월 3일간 진행된 국제행사를 단 하나의 실수도 없이 치러냈다고 자랑했다. 더군다나 코로나19 때문에 온라인과 현장을 병행해서 진행된 행사였음에도 한 치의 오차도 없이 완벽한 행사를 진행한 것에 대해 대단한 자부심을 느낀다고 밝혔다. 1980년대 KDI 시절부터 수많은 국제행사와 국제학술대회에 참석해온 경험을 지닌 서 회장의 평가여서 더욱 눈길을 끌었다. 전경련이나 상공회의소 같은 오래된 큰 단체들도 국제회의나 행사를 이처럼 완벽하게 소화해내지는 못할 것이라고 했다.

국제사회복지협의회(ICSW) 회의와 업무를 포함해 국제행사를 주관하는 대외협력실에는 원어민에 가까운 영어 실력을 가진 능력자들이 포진해 있다. 서 회장이 유엔 사회개발위원회 세미나에 한국의 주거복지와 관련한 발제자로 참석했을 때는 가이드 없이 이들과 우버 택시를 타고 뉴욕 시내를 돌아다녔다.

국제사회복지협의회는 당초 아프리카 우간다에 사무실을 두고 한 명의 행정담당관이 근무하고 있었다. 서 회장은 경비 절감을 위해 우간다 사무실을 폐쇄하고 사무국을 서울 협의회로 옮겼다. 대외협력실의 G 대리가 ICSW 행정담당관 업무를 수행 중이다.

W 과장은 대외협력실 소속으로 비서실에서 근무 중이다. 입사 6년 차인 W 과장은 일본에서 열린 ICSW 동북아지역대회 참석한 것을 포함해 대만, 몽골, 영국, 아일랜드 등에 해외 출장을 다녀왔다.

12일간 일정으로 아일랜드에서 열린 세계사회복지대회에 참석했을 때, 서 회장이 배가 계속 아프다고 해서 약을 구해다 드리곤 했는데, 나중에 알고 보니 대상포진이었다.

영국 찰스 황태자가 회장을 맡고 있는 BITC는 기업이 사회문제 해결에 직접 나서고 문제 해결에 더 적극적이어서 인상이 깊었다. 아일랜드 더블린에서 열린 행사에서는 협의회의 홍보 부스를 설치했다. 협의회가 당시 슬로건으로 사용하던 'Mom's Mind'를 홍보 부스 앞에 내걸었다.

서 회장은 연초에 미리 연간 목표를 내걸었다. 2018년에는 '어머니 마음으로 대한민국 복지를 품겠습니다'고 했다. 2019년에는 '따뜻하고 활기찬 지역복지공동체를 구축하겠습니다'는 캐치프레이즈를 내걸었다. 2020년에 내건 주제는 '사회적 가치 시대를 열겠습니다'였으며, 2021년 연초에는 '행복 한국 만들기'라는 목표를 내걸었다. 다 함께 만들고 누리는 복지사회를 뜻한다.

한 문장으로 표현되는 연간 목표는 너무나 뚜렷했고, 반복해서 사용되었으며, 분야별로 실천계획이 추가됐다. 정체성이 모호해 고민하던 조직에 선명하고 바로 이해되는 뚜렷한 목표를 내걸어 보인 것이다. 여러 가지 일을 이것저것 성의 없이 해보는 것보다는 뚜렷하게 내걸린 하나의 목표를 향해서 매진하는 것은 일에 대한 애착도 다르고, 따라서 성과도 분명하게 나타나게 마련이었다. 이른바 선택과 집중 전략이었던 셈이다.

나눔행복, 행복한국

"'나눔행복, 행복한국'에 한국사회복지협의회가 앞장서겠습니다."

한국사회복지협의회 서상목 회장이 2022년 신년사에서 가장 앞세운 말이다. 서 회장은 글머리에 「UN 세계 행복보고서」를 인용해 한국의 행복도가 OECD 국가 중 최하위권이며, 세계 최고 자살률과 세계 최저 출산율을 기록하고 있다고 언급했다.

서 회장은 국민행복도를 높이는 일은 우리 사회가 당면한 가장 시급하고 중요한 과제라고 전제하고, 대다수 사람은 나눌 때 더 행복해진다면서 "협의회가 나눔을 통한 행복한 대한민국을 구현하는 데 더욱 힘쓰겠다"는 각오를 밝혔다.

코로나19 팬데믹도 벌써 3년째, 우리는 한국전쟁 이후 가장 어려운 시기를 보내고 있다. 코로나19는 우리의 일상을 통째로 바꿔놓고 말았다. 문제는 아직도 터널의 끝이 보이지 않는다는 점이다. 어려운 여건 아래에서도 사회복지인은 현장 제일선에서 소외된 이웃을 위해 묵묵히 맡은 바 임무를 다하고 있다.

협의회는 이런 위기 속에서도 사회안전망이 흔들리지 않도록 민간차원에서 최선의 노력을 다했다. 복지 소외계층 발굴과 지원을 위한 '좋은이웃들'사업 수행지역을 더욱 늘렸으며, 비대면 자원봉사를 확대하고, 무인 푸드뱅크를 설치해 나눔사업을 활발히 전개했다. 지역문제 해결을 위해 국토교통부와 협업사업인 '새뜰마을 프로젝트'를 확대하고, 행정안전부와도 관련 업무협약을 체결해 지역복지공동체 구축을 위한 과정을 차근차근 진행 중이다.

서 회장은 도산 안창호의 말씀을 인용했다. "힘이 있어야 한다. 힘은 남의 힘이 아니라 자신의 힘이어야 한다. 힘은 저절로 생기는 것이 아니라 스스로 길러야 한다." 도산의 '무실역행(務實力行)'이나 '주인의식(主人意識)', '애기애타(愛己愛他)' 등도 우리에게 그대로 적용할 수 있는 말들이다. 힘을 모아 다음과 같은 일에 역점을 두겠다고 강조했다.

첫째, 민간사회복지 대표기관으로서 사회적 가치 창출에 앞장선다. 올해 창립 70주년을 맞아 지난 70년을 디딤돌로 삼아 '행복한국'을 위한 비전을 제시하고 창립 100주년을 준비한다.

둘째, 민간 복지전달체계의 확립을 통해 복지 소외계층 지원을 강화한다. 지역 협의회와 네트워크를 강화해 더 촘촘한 사회안전망 구축을 위한 복지 소외계층 지원사업도 내실 있게 추진한다.

셋째, 나눔사업 활성화를 통한 나눔문화 확산에 한층 더 박차를 가한다. 자원봉사와 멘토링을 중심으로 한 인적 나눔사업, 푸드뱅크와 사랑나눔펀드를 주축으로 한 물적 나눔사업을 더욱 확충한다. 환경보호(E)와 사회공헌(S), 윤리경영(G)을 기반으로 한 사회공헌 활동을 적극적으로 지원한다. 특히, 안정기를 맞이한 '지역사회공헌 인정제' 참여기업과 기관을 크게 늘리고, 동시에 질적으로도 약진하는 한 해가 되도록 한다.

넷째, 국제사회복지협의회(ICSW) 회장국으로서 국제사회복지계에 기여하도록 중추적인 역할을 담당한다. 코로나19 이후 지구촌 사회문제 해결에 앞장섬으로써 대한민국의 복지 위상을 드높인다. 특히 올 10월 서울에서 개최 예정인 '2022 세계사회복지대회' 준비에 만전을 기하고, 글로벌 시대의 'K-스마트복지' 모델을 국제사회에 보급한다.

1인 1나눔 계좌 갖기

사랑나눔실천 '1인 1나눔 계좌 갖기'는 2004년 국무총리실 주도로 공무원, 공공기관 임직원 등 공공분야가 솔선수범하여 복지 소외계층을 지원하기 위해 시작됐다. 협의회가 운영하는 사랑나눔실천 사업은 펀드 형식을 도입하여 후원자가 원하는 대상과 금액, 계좌당 5천 원 혹은 1만 원을 직접 선택하여 후원할 수 있다. 아동 · 청소년부터 지역사회를 위한 후원까지 사랑나눔실천이 운영하는 펀드는 모두 아홉 가지다.

나무처럼 튼튼하게 우리 아이들이 꿈을 키워나갈 수 있도록 지원하는 '꿈나무펀드', 장애인과 비장애인이 함께 할 수 있는 세상을 만드는 '행복한동행펀드', 어르신들의 건강하고 아름다운 여생을 위한 '은빛노을펀드', 자립을 준비하는 시설 생활인을 지원하는 '첫걸음펀드', 희귀난치 질환자를 지원하는 '희망나눔펀드', 결혼이주여성 등 국내 외국인을 지원하는 '글로벌펀드', 복지 소외계층을 발굴 · 지원하는 '좋은이웃들펀드', 취약계층 결식 예방을 위한 '푸드뱅크펀드', 마지막으로 '고향사랑펀드'는 지역 단위 모금을 통해 지역에서 찾아낸 복지문제를 해결하는 펀드다. 푸드뱅크펀드는 특히 대규모 재해와 재난이 발생했을 때 이재민과 취약계층에 긴급구호를 위한 이머전시 푸드팩을 지원하여 결식을 예방하는 역할도 한다.

후원 참여는 온라인을 통해 신청할 수 있다. 사랑나눔실천 홈페이지(www.thenanum.net) 접속 후 정기/일시 후원 버튼을 클릭해 신청페이지로 들어갈 수 있다. 최소 참여금액은 펀드별로 5천 원 또는 1만 원이며, 여러 개의 펀드를 중복 선택할 수도 있다. 공공부문 중심의 후원사업으로 시작된 만큼 현재는 청와대를 비롯한 대부분의 정부 부처와 공공기관이 참여하고 있다. 자발적으로 참여한 일반 국민까지 포함하여 약 1만 명 이상의 후원자가 따뜻한 나눔에 동참하고 있다.

2020년까지는 매년 모금한 후원금을 사회복지시설이나 단체에 공모를 통해 대상자를 접수하여 후원금 운영위원회의 심의를 거쳐 대상자를 선정했다. 2021년부터는 대상자 접수를 전국 지방자치단체로부터 받는 방식으로 변경해 후원사업의 공정성과 투명성을 강화했다. 선정된 소외계층은 1가구당 최대 300만 원을 지원받고, 생계비 · 의료비 · 주거비 · 학습비에 한해 사용이 가능하다.

기업기부가 지지부진한 가운데, 코로나19 이후로 개인후원은 오히려 늘어나는 추세다. 개인후원은 소액인 경우가 대부분이지만, 한 번 결정하면 10년 이상 지속되는 경우가 많아 누적되는 후원금이 큰 힘을 발휘한다. 사랑나눔실천은 이같은 개인후원이 확산될 수 있도록 쉽고 간편한 후원문화를 만들어 가고 있다.

지역모금 활성화를 통해 지역사회의 복지문제를 해결하는 '고향사랑펀드'는 안양, 경남, 홍성 세 지역을 시범지역으로 해 점차 확대되고 있다. 시범지역에서 '고향사랑펀드' 활성화에 공감하여 안양시장, 경남교육감, 홍성군수 등이 후원에 참여했다. 상대적으로 모금이 활성화된 안양의 경우는 비급여항목 때문에 건강검진을 꺼리는 어르신을 대상으로 '2차 질병 예방사업'을 시행하고 있다. 돈이 많이 들어가는 MRI나 CT 촬영에 검사비를 지원해 큰 병이 발병하는 것을 예방하고자 하는 목적이다.

롯데유통장학재단 드림메이커스는 유통분야 교육을 통해 취약계층의 취업을 돕는 프로그램이다. 사회공헌사업으로 유통전문인력을 양성하고, 과정을 마치면 이력서 작성과 취업 준비에 전문 컨설턴트를 붙여서 현장 견학과 현장실습, 혹은 해외연수까지 보내가면서 취업을 지원한다. 매회 100명이 들어와서 70명 이상이 취업했다.

우리 동네는 우리가 책임진다

지역복지지원단은 세 가지 사업을 수행한다. 복지 소외계층을 찾아내어 민간자원과 연결해서 도와주는 '좋은이웃들'사업이 첫 번째다. 둘째는 전국 시 · 도와 시 · 군 · 구 사회복지협의회를 육성하고 지원하는 일이다. '희망나눔지원사업'은 사회복지공동모금회를 통해 기탁된 기금으로 취약계층과 시설을 지원한다.

좋은이웃들사업은 2011년 '공중화장실 3남매' 사건을 계기로 탄생했다. 공중화장실에서 생활하던 3남매 사건은 국민에게 큰 충격을 주었다. 이 사건은 복지 사각지대에 대한 사회적 관심과 공공복지 전달체계의 한계를 절감하는 계기가 되었다.

공중화장실에서 생활하는 3남매에 관한 TV 보도를 본 당시 이명박 대통령이 "복지 사각지대에 놓인 사람은 국가가 보살펴줘야 한다"고 하자, 보건복지부는 대대적인 실태조사를 벌이겠다고 했다. 당장 복지 사각지대에 놓인 소외계층을 찾아내어 보듬는 일이 지상과제가

됐다.

보건복지부는 또 문제가 된 부양의무자 소득 기준을 현행 최저생계비 130%에서 185%까지 높이겠다고 발표하면서 기초생활보호 혜택을 받는 사람이 6만1천 명 더 늘어날 것이라고 홍보했다. 하지만 현실은 반대로 가고 있었다. 보건복지부는 그 무렵 사회복지통합관리망을 통해 「국민기초생활보장법」상 부양의무자의 소득과 재산자료를 정비하는 작업을 벌여 기존 기초생활수급자 10만 명에게 급여삭감 또는 수급 탈락을 통보했다. 기초생활보장제도가 시행된 이후 최대규모 인원이 탈락하는 상황이 발생한 셈이다.

이런 혼란 속에 탄생한 것이 좋은이웃들사업이다. 시 · 군 · 구의 지역협의회가 중심이 되어 지역주민이 좋은이웃들 봉사자로 참여해 복지 소외계층을 찾아내어 우선 정부예산으로 도와주고 모자라는 부분은 지역에서 후원자나 후원기업 등 민간자원을 연결해 도와주는 시스템이다. 지역사회를 속속들이 잘 아는 좋은이웃들 봉사자가 갑자기 어려운 처지로 내몰린 사람을 찾아내는 것이 우선이다.

일상생활 속에 가려져 잘 보이지 않는 소외계층을 찾아내야 한다는 점이 포인트다. 갑작스럽게 질병에 걸리거나, 사고를 당하거나, 갑자기 직장을 잃어버리거나 해서 긴급하게 도움이 필요한 사람들이 대상이다. 2012년 30개 시 · 군 · 구에서 우선 시작했고, 이후로 지역을 확대해 현재 117개 시 · 군 · 구에서 시행 중이다.

발굴된 복지 소외계층은 지자체와 협력해서 우선 공공지원 대상자인지 분별해낸다. 도움이 필요한 상황에 공공지원이 안 되는 경우에는 지역협의회를 통한 민간자원을 연결해서 필요한 것을 지원한다. 주로 식품과 생필품 위주로 현금보다는 현물을 지원한다. 체납된 의료비와 월세, 전기료는 대신 내줄 수 있다.

좋은이웃들 봉사자는 대부분 봉사 시간이 따로 정해져 있지 않다. 요일이나 시간, 장소를 특정하지 않고 일상생활 중에 소외계층을 찾아내고, 지역 협의회에 연락해서 지자체와 함께 도움을 주는 역할이다. 우리 동네에 있는 소외계층을 우리가 찾아서 도와주자는 것이다. 현재 전국에 5만9천 명이 좋은이웃들 봉사자로 등록하여 활동 중이다. 어려운 사정을 직접 접하게 되는 봉사자들은 자주 후원자가 되기도 한다. 좋은이웃들사업의 부족한 예산도 지역의 개인 후원자나 기업후원으로 충당된다.

공공복지 전달체계를 강화하고 민간복지 전달체계를 아무리 촘촘하게 보완한다고 하더라도 여전히 사각지대는 남아있다. 2014년 송파구 석촌동 세 모녀 자살 사건이 세상을 떠들썩하게 했고, 2019년 관악구에서 탈북 모자가 굶어 죽는 일이 생겼다. 2020년 방배동 노숙인 모자 사건에서는 노숙인으로 전전하던 장애 아들의 모친이 집안에서 죽은 채 발견됐다. 우리가 복지 사각지대에 지속적으로 관심을 가져야 하는 이유다.

희망나눔지원사업은 사회복지공동모금회가 기업이 지정기탁한 재원을 바탕으로 사회복지시설을 지원하는 사업이다. 사회복지시설을 지원하는 경우에 시설 개보수는 오래된 건물의 창호를 바꿔서 난방이 잘되도록 개선한다거나, 계단에 난간을 설치하거나, 바닥에 온돌식으로 난방을 교체하는 것 등이다. 물품 지원은 사회복지시설에 필요한 것들을 지원한다. 업무용 컴퓨터나 에어컨, 냉장고도 지원이 가능하다. 공모를 받아서 심사를 거쳐 지원하는 방식으로 지원상한액이 있지만, 사회복지 현장에서 인기가 좋아 경쟁률이 높은 편이다. 코로나19 이후에는 시설에 필요한 영상체온계나 손소독 장비도 지원하고 있다.

협의회가 삼성전자, 국민일보와 함께 '새내기 사회복지상'을 시상한 적이 있었다. 사회복지 종사자들의 처우가 열악하다 보니 이직을 많이 하던 당시 상황에서 자부심을 심어준다는 취지에서 제정한 상이었다. 이달에는 아동복지시설 종사자, 다음 달에는 장애인시설 종사자라는 식으로 매달 돌아가면서 수상자를 선정해 시상했다. 수상자에게는 노트북을 부상으로 수여했다. 연말에는 수상자들을 초청해 '수상자의 밤' 행사도 가졌다.

자주 바뀌는 담당자

P 과장은 사회복지학과 졸업 후, 우연히 모집공고를 보고 입사하게 되었다고 했다. 입사 후 새생명지원사업을 담당하면서 환아가족캠프를 함께한 것이 가장 기억에 남는다고 했다. 매년 제주도에서 2박3일 일정으로 행사를 개최했다. 미리 편지지를 나눠주어 가족에게 서로 편지를 쓰게 하고, 마지막 날 저녁에 미리 쓴 손편지를 서로 읽어주는 행사를 가졌다. 환아 가족들이 투병생활 중 겪은 감정들이 그대로 드러나 감동적인 장면이 이어졌고 같은 아픔을 공유한 가족들 간 공감의 장이 펼쳐졌다.

희망의문화클럽이라는 문화나눔사업을 운영한 것도 인상 깊었다고 했다. 매달 7~8개 문화공연에 소외계층, 사회복지사, 시설 종사자, 학생 중에서 대상자를 선정해 초청했다. 한번은 공연 당일 티켓 배부를 돕는 자원봉사자들이 모두 시간이 안 돼서 못 온다고 연락이 와서 할 수 없이 혼자 진행해야 했다. 미리 공연장에 나갔더니 엎친 데 덮친 격으로 대상자들에게 티켓을 배부할 공간이 마련되지 않은 상태였다. 임시방편으로 둥근 의자 위에 티켓을 분류해서 얹어놓고 혼자서 자리 배정하고, 티켓을 나눠주느라 진땀을 뺀 기억이 있다.

지역복지지원단으로 옮겨서는 좋은이웃들 사업을 맡았다. 좋은이웃들사업과 관련해서 전국 117개 시 · 군 · 구 협의회 담당자들과 업무처리를 위해 자주 통화하게 된 P 과장은 담당자가 너무 자주 바뀌어서 혼란스러울 때가 많다고 털어놓았다. 협의회만의 문제는 아니지만, 열악한 처우로 인한 잦은 이직 때문에 담당자가 자주 바뀔 수밖에 없고, 그러다 보니 업무 연결이 잘 안 되는 경우가 많다고 했다. 어떤 수행기관에서는 직원 한 명이 모든 일을 처리하고 있어서 물리적으로 업무 수행이 어려운 상황에 처한 경우도 없지 않다고 했다.

지역사회 내 좋은이웃들 봉사자를 통해 소외계층을 발굴하고 민간자원을 연계하여 대상자에게 지원하는 좋은이웃들사업은 현장 직원의 역량이 사업수행에 미치는 영향이 클 수밖에 없다. 어떤 일이 잘 처리되지 않으면 그와 연결된 다른 일도 안 되기 때문에 사업 전체가 어려워지기 마련이다.

전국을 대상으로 한 업무를 주로 전화로 처리하기 때문에 현장 실무자와의 전화통화가 P 과장의 일상적인 업무였다. 좋은이웃들사업의 활성화를 위해 무엇보다 담당자 역량 강화가 시급하지만 잦은 담당자 교체로 어쩔 수 없는 현실이 안타깝다고 했다.

협력의 힘이 유일한 답

지역 사회복지협의회를 지원하고 육성하는 사업 중에서 급선무는 시 · 군 · 구 협의회 설치를 확대하는 일이다. 226개 지자체 중 162곳에만 시 · 군 · 구 협의회가 있을 뿐이다. 64곳에는 아예 지역 협의회가 존재하지 않는다. 협의회는 「사회복지사업법」 개정을 통해 시 · 군 · 구 협의회 설치를 의무화하는 방안을 모색했으나 번번이 좌절됐다.

기존 시 · 도, 시 · 군 · 구 협의회도 재정이 어렵다 보니 직원을 채용하기가 어렵고, 사람이 없으니 업무영역이 줄어드는 악순환에 휘말린 곳이 없지 않다. 그나마 17개 시 · 도 중 12곳에서 시 · 도 사회복지협의회 지원조례를 통과시켜 시 · 도와 시 · 군 · 구 지자체가 연계 협력할 수 있는 토대를 마련했다. 지원조례로 예산지원 근거가 마련된 덕분에 시 · 군 · 구가 대부분의 예산을 대고, 나머지를 시 · 도가 부담해서 지역협의회가 기본적인 역할을 감당할 수 있도록 예산지원을 해주기 시작했다.

중앙 협의회가 해줄 수 있는 일은 지극히 제한적이었다. 전국 워크숍을 통해 업무를 전수하고, 교육을 통해 업무역량을 향상시키는 정도다. 연간 1회 1박 2일 일정으로 분과별 토론 기회를 가진다. 적은 예산으로 교육프로그램을 운영하고 자료제공, 업무 상담 등을 꾸준히 진행한다. 아이디어를 공모해서 우수사례를 선발해 'SSN지역혁신상'도 시상하고 있다.

중앙 협의회와 지역 협의회의 역할과 기능에 대한 문제는 서 회장에게 해결해야 할 큰 숙제였다. 서 회장은 취임 초 일본 견학을 통해 일본 전국사회복지협의회 운영방식을 눈여겨보았다. 시 · 정 · 촌 지역 협의회가 200명에 가까운 직원들을 거느리고 종합사회복지관과 자원봉사센터를 직접 운영하면서 시 · 정 · 촌 회장이 공동모금회 모자를 쓰고 풀뿌리 모금활동에 나서는 모습을 지켜보았다. 4년마다 지방정부의 사회복지계획이 새로 나오면 전사협 산하 지역 협의회가 실천계획을 마련해 집행하는 구조였다. 우리 협의회가 시설단체연합회로 출발한 데 반해 일본 전사협은 지역 주민이 중심인 협의회였다. 심지어 주민의 절반이 지역 협의회 회원인 지역이 있을 정도였다.

취임 초부터 지역복지공동체 구상을 펼쳐 보인 서 회장은 현행 구조 자체를 바꿀 수 없는 현실을 감안해 협업을 통한 변화를 모색 중이다. 우선 중앙 협의회가 현재 진행 중인 푸드뱅크와 자원봉사, 사회공헌센터, 사랑나눔, 멘토링 등 각종 나눔사업을 활성화하여 지역 협의회가 활동할 수 있는 기반을 닦아주겠다는 구상이다.

둘째, 공동모금회와의 협업으로 지역 협의회 조직을 통해 풀뿌리 모금으로 모금을 도와주고, 그렇게 조성된 기부금 일부를 지역 협의회가 각종 현안이나 나눔사업에 활용하는 방안을 모색 중이다.

셋째, 2022년 1월 종합사회복지관협회와 MOU를 맺고 종합복지관과 지역 협의회가 협업할 수 있는 물꼬를 텄다. 협업 관계를 통해 협의회가 운영 중인 890만 자원봉사자와 좋은이웃들 봉사자를 활용하고, 지역 협의회가 지역복지공동체의 구심점이 될 방안을 찾아내는 중이다. 유관 기관과의 협업을 통해 새로운 사업을 개발하고 추진하는 길만이 복잡하고 다양해진 사회복지서비스를 감당할 수 있는 유일한 방법이라고 인식하고 있다. 단체와 기관 간의 협업과 협력의 힘이 유일한 답인 셈이다.

서 회장은 한국사회복지협의회가 '사회복지인의 협의체' 차원을 넘어 '주민 전체의 협의회'가 될 수 있도록 회원 구조와 운영방식을 개선해야 한다고 주장해왔다. 이를 위해서는 「사회복지사업법」 개정도 필요하다고 본다. 협의회가 지역복지공동체 구축에 필요한 사업을 개발하고 이를 집행하는 주체로 거듭나야 한다고 했다. 또한 구성원 모두가 새로운 사업을 개발하고 추진하는 사회적기업가가 될 수 있도록 노력해야 한다는 것이 전제조건이다.

사회개발과 추진에 필요한 재원을 마련하기 위해서는 직접 모금활동을 추진하고, 더불어 유관 기관과의 협업체제를 조속히 구축해야 한다고 봤다. 사회복지계 구성원 모두가 '단독의 힘(isolated impact)'보다는 '협력의 힘'을 통해 더 큰 성과를 거둘 수 있다는 인식을 바탕으로 서로 협력하는 전통을 새롭게 쌓아나가야 한다고 강조했다.

- 지역 중심의 사회공헌
- 월급은 똑같은데 예산이 늘어나면
- 측은지심이 없는 사람은 쓰지 않겠다
- 소비자가 더 빨리 눈치채
- 사회공헌 실무자의 고백
- 환경개선 활동도 사회공헌?
- 25개 간단한 질문으로 바로 진단
- 금요일 오후에 퇴근하면서 퇴사하는 계약직
- 나달이는 서상목 회장의 양아들
- 가면을 쓴 사회공헌
- 수없이 많은 사회공헌 1위
- 하루 즐겁고 364일 시달린다
- 유행에 민감한 사회공헌
- 경쟁을 앞두고 5주 교육
- 동굴 속에서 다시 본 햇빛
- 순회포럼은 사회공헌 마중물
- 테슬라식 사회공헌

진정성이 중요해

지역 중심의 사회공헌

사회복지협의회가 사회공헌 관련 부서를 설치한 것은 2007년 '사회공헌정보센터'가 시초였다. 이 조직이 2017년 '사회공헌센터'로 개편됐다. 사회공헌센터는 기업과 기관에 대한 사회적 책임과 사회공헌에 대한 사회적 요구가 높아지면서 기업경영이 진정성을 갖추고 일반 국민과 우호적 관계를 형성할 수 있는 선진국형 사회공헌을 지원하기 위해 새롭게 정비된 협의회 내부조직이다.

사회공헌센터는 '고객지향적', '관계중심적', '성과지향적'이라는 세 가지 사업 특성을 기반으로 연계협력과 역량 강화, 대국민 홍보라는 세 가지 미션을 수행하고 있다. 또한 사회공헌의 새로운 생태계를 만들고, 사회공헌을 활성화시키며, 전문인력 양성과 사회공헌에 대한 다양한 전략과 네트워크를 제공하고 있다.

정보센터 설립 당시는 기업 이미지 향상이나 오너 리스크 관리차원에서 사회공헌이 고려되던 시절이었다. 물론 미래지향적인 경영전략으로 미래의 시장 혹은 생태계를 건강하게 유지해야 한다는 배려도 없지는 않았다. 전후 아시아 최빈국에 속했던 우리나라는 그동안 성장 위주의 경제정책과 효율성만을 추구해온 경영방식에 몰두했다. 그 결과 예부터 전해져오던 전통적인 상부상조 정신과 품앗이, 두레 등의 관습이 사라졌다.

민간기업이 공공기관과 협업하여 공공가치를 만드는 과정은 시민에게 나눔과 기부에 대한 인식을 높여주는 가교역할을 할 수도 있다. 기업의 사회적 책임에 대한 인식과 기대가 더욱 커지고 있는 만큼 경제적 가치를 중시하던 기업이 지역사회를 중심으로 소통하고, 공공의 목표에 대한 책임과 도덕성을 인식하기 시작했다고 볼 수 있다. 과거와 달리 기업들은 규모와 가치가 매우 커졌고, 그에 상응하는 사회적 책임도 늘어났다. 기업경영 활동은 또 지역사회에 많은 영향을 미치며 그 역할도 매우 중요해졌다.

보건복지부와 한국사회복지협의회가 공동 시행한 '지역사회공헌인정제'는 지역 내 비영리단체와 파트너십을 맺고 지속적인 지역사회공헌 활동을 펼친 기업과 기관을 발굴하여 그 공로를 인정해주는 제도다. 인정제도는 세 가지 관점에서 추진되었다. 첫째, 중앙중심 혹은 기획중심에서 벗어나 지역중심의 사회공헌에 집중했다. 지역 시민에게 인정받는 지역공공기관이나 향토기업의 사회공헌을 드러내주고자 했다. 둘째, 세계에 알릴 수 있는 한국형 사회공헌 모델을 만들고자 했다. 셋째, 장기적으로 기업이 추진하는 사회공헌이 선진 복지국가로 도약하는 한 축을 감당할 수 있도록 하고자 했다.

국제적으로는 투자자가 사회적 가치를 투자조건으로 내세우는 사례가 크게 늘었다. 국내에서는 사회공헌이 공공기관 평가 기준으로 인용되면서 큰 변화를 겪었다. 이런 변화는 지역사회공헌 인정제 참여 기업의 급속한 증가로 나타났다. 2019년 121개, 2020년 265개로 늘어난 인정기업과 기관이 2021년에는 350개에 달했다. 실제로 인정제 심사에 참여한 기업은 2019년 156개, 2020년 350개, 2021년 430개로 늘어났다.

월급은 똑같은데 예산이 늘어나면

협의회에서 사회공헌센터를 이끌고 있는 J 소장은 삼성맨이었다. 삼성에서 18년을 근무했고, 그중 8년을 사회공헌 분야에서 일했다. 삼성을 떠나서 비영리단체에 몸담았다가 훌쩍 미국으로 건너가 개인 사업을 하면서 6년을 지냈다. 귀국해서 2016년 협의회에 3년 임기 별정직으로 입사해서 연임했다.

삼성에 있을 때는 행복둥지사업의 일환으로 전국의 미신고 복지시설의 신축이나 증축을 지원하면서 정부에 신고하도록 유도하는 사업을 추진했다. 주로 노숙인 수용시설인 70여 개 복지원을 지원하는 데 5년간 100억 원 정도 예산이 들어갔다.

서상목 박사가 2017년 협의회 회장으로 취임하면서 기존 사회공헌정보센터를 사회공헌센터로 개편했다. 서 회장은 취임 즉시 사회공헌을 강조하면서 『사회적 가치를 창출하는 사회공헌』과 『사회적 가치 시대를 연다』라는 제목의 두 권의 책자를 출간했다. 서 회장이 직접 첫

장을 집필하고 외부 전문가는 물론 내부 실무자의 글도 게재했다.

서 회장은 장관 출신이고 국회의원을 지냈음에도 기업경영 성향이 강했다. 일단 사회공헌에 대한 인식을 새롭게 하고 개념을 정립한 후 바로 실행에 들어갔다. 공공기관 임직원들은 정부 부처의 예산에 의존하기 때문에 예산 범위 내에서 움직이는 만큼 수동적일 수밖에 없었다.

하지만 서 회장의 주문은 달랐다. 직원들에게 적극적으로 혁신적인 프로젝트를 제안하라고 요구했다. 협의회의 수익구조도 홍콩처럼 30:70이 되어야 한다고 강조했다. 정부 보조금 비중은 30%로 낮추고 협의회 자체 수익사업으로 70%를 채워야 협의회가 독립적이고 자생적인 단체로 바로설 수 있다고 주장했다.

취임 초기부터 기업경영 마인드를 복지에 접목해야 한다고 해서 모두 좀 성가시게 여겼다. 처음이니까 좀 그러다가 말겠거니 하는 분위기였다. 의외로 시간이 지나도 분위기는 가라앉지 않았다. 새로운 업무 과제가 계속 내려왔다. 서 회장은 사회복지 혁신플랫폼을 거론했다. 곧이어 국내 사회공헌의 이니셔티브를 가져올 수 있는 사회혁신 매거진을 발간하라고 주문하면서 지역사회공헌 인정제 도입을 역점사업으로 추진했다. 또 신중년 일자리 사업 구상을 내놓으라고 졸랐다.

종전에 협의회에는 부서 예산이 늘어나면 오히려 입이 삐죽이 튀어나오는 분위기가 없지 않았다. 기업조직과 다른 분위기다. 월급은 똑같은데 예산이 늘어나면 그만큼 일감이 늘어난다는 얘기이기 때문이다. 서 회장 생각에는 수익구조를 만들어내면 협의회가 힘을 기를 수 있고, 대외 인지도도 높아져 협의회 위상이 격상될 것이라는 기대가 있었다. 동시에 근무환경은 물론이고 뒤처진 직원 처우도 크게 향상시킬 수 있다는 믿음이 있었다.

2018년 여름 홍콩 사회복지협의회의 사회공헌 인정제를 견학 가기로 계획했는데, 태풍이 홍콩을 강타했다. 주춤하고 있는데 저녁때 폭풍이 멈출 거라는 뉴스가 나오자마자, 서 회장은 바로 가방 챙겨서 출근하라고 지시했다. 오후 2시에 출발하는 비행기를 타고 홍콩에 도착했더니 거리에는 태풍에 휩쓸린 잔해가 뒹굴고 있었다. 제주도보다 작은 도시국가 홍콩에 당시 사회공헌 인정을 받은 기업과 기관 숫자가 3,560개에 달했다.

주요 직책의 실 · 단장들과 함께 홍콩을 다녀온 서 회장은 협의회가 사회공헌 인정제 멤버십으로 기업과 기관들을 끌어들이고 보건복지부가 후원하는 시스템이 구축되면 대단한 힘을 발휘하게 되리라고 전망했다. 당장 보고서를 작성해서 복지부로 올렸다. 의외로 반응이 냉담했다. 지금 하고 있는 사업도 벅찬데 새로운 사업을 또 벌여놓으면 어쩌자는 것이냐는 핀잔이 돌아왔다. 복지부 주무관의 주장에 따라 외부 전문기관의 연구 검토를 거치면서 또 시간이 흘렀다.

당시 조선일보와 매일경제, 한국경제 등 언론사에서 기업홍보와 연계해서 대기업 위주로 사회공헌 시상식을 운영하고 있었다. 공인된 사회공헌 인정제와 표창 제도가 있어야 한다고 끈질기게 주장한 끝에 마침내 2019년 가을 '지역사회공헌 인정제'가 공식출범할 수 있었다. 이로써 기업과 공공기관이 민간단체와의 파트너십을 통해 지역문제를 해결해나가는 지역사회공헌 시스템이 공식화됐다.

첫해인 2019년 121개 기업과 기관이 인정을 받았다. 2020년 265개로 늘었고, 2021년에는 350개로 증가했다. 이 같은 증가세에도 불구하고 서 회장은 주저하면 거꾸러진다면서 이른 시일 내에 1천 개를 달성하라고 독려했다. 사회공헌센터는 업무량에 비해 인원이 적다면서 목표를 채우기 위한 추가 인원 배치를 요구했다. 기획재정부가 예산과 인원을 통제하는 상황에서 증원은 애초에 불가능한 주문이었다.

서 회장은 협의회가 가치를 창출하는 사회공헌을 통한 민간사회복지 영역 본연의 컨트롤타워가 되어야 한다면서 사회적기업을 육성해서 복지경영 차원의 사회복지 혁신을 일으켜야 하고, 파트너십을 확대해서 대표 사회복지기관으로서의 영역을 확보해야 한다고 주장했다.

2018년에는 100대 기업을 중심으로 전국 단위의 사회공헌백서를 처음으로 발간했다. 2019년에는 '대한민국 사회공헌 지형도'를, 2020년에는 '국민과 기업이 바라는 소셜 갭(Social Gap)'을 이슈로 다뤘다. 이후 매년 사회적 가치 보고서와 사회공헌백서가 발간되었다. 2019년에는 또 한양대 사회혁신센터와 함께 미국 스탠퍼드대학교 SSIR(Stanford Social Innovation Review)과 협력해서 'Next Impact Conference'를 개최한 이후 매년 정기적으로 학술대회를 이어오고 있다.

포스트 코로나 시대에 적응할 수 있는 사회혁신 프로그램의 필요성을 강조하면서 대국민 공모전 형식을 빌린 '사회혁신뱅크' 구상도 거론되었다. 협의회 차원에서 지역사회 혁신센터와 스마트 사회복지센터의 필요성도 제기됐다.

측은지심이 없는 사람은 쓰지 않겠다

1994년 삼성사회봉사단 설립은 기업 사회공헌의 시초가 됐다. 당시 오너의 사회공헌 의지가 반영된 결과였지만, 외부 시각은 기업의 내부조직에 불과했다. 사회가 필요로 하는 역할을 해보자는 오너의 생각을 구현하고자 한 이런 노력은 현대자동차나 SK, 금호, 한화 등 재계로 확산됐다. 각 기업이 사회공헌 마인드 소지자를 공개모집하는 해프닝도 벌어졌다.

여기에 기업의 사회적 책임 이슈가 강화되면서 공동기금이 100억 원에서 500억 원으로 늘어났다. 저소득층과 사회적 약자를 위한 프로그램이 속속 등장했다. 삼성은 삼성서울병원에서 '얼굴 찾기' 프로그램을 통해 기형 아동의 얼굴 수술을 시작했고, 동물을 매개로 한 사회봉사활동을 본격화했다. 사고 현장에 72시간 이내 구조견을 급파하는 3119구조단과 재활승마 프로그램도 이 시기에 출범했다. 노인 치매를 치료하는 치매견과 시각장애인을 도와주는 안내견 사업도 선보였다.

재난재해 상황에서 3일 이내에 지원할 수 있는 의료봉사단과 급식봉사단에 이어 법률봉사단까지 활동에 나섰다.

그러다가 이건희 회장은 지역사회 밀착형 사회공헌으로 돌아선다. 문화예술이나 체육진흥, 학술진흥, 긴급재난지원보다는 사회복지 분야로 중점지원 방향을 틀었다. 이 회장은 표면적으로는 1등주의를 내세웠지만, 내부적으로는 측은지심이 없는 사람은 아무리 뛰어난 사람이라도 쓰지 않겠다고 공언할 정도로 연민을 강조했다. 길가는 노인이 넘어졌을 때 그 사람을 보듬고 끌어안을 수 있는 사람이어야 한다고 말했다.

소년소녀가장돕기는 혼자 살아가는 아이를 돕는 일부터 시작했지만, 집단시설인 보육원 지원을 거쳐 비제도권의 어린이 지원으로 확대됐다. 종국에 어린이들은 이렇게 키워야 한다는 모델을 만들어간다는 취지로 전국에 100여 개의 어린이집을 세웠다. 여성의 경제활동 참여율을 높여야 한다는 취지도 보태졌다.

삼성서울병원도 이건희 회장의 생각이 묻어나는 곳이다. 영안실은 사람이 죽으면 가는 곳이니만큼 모름지기 가장 정결한 곳으로 만들자고 했다. 중증장애인병원과 선천성아동환자병동에도 이 회장의 생각이 반영됐다. 척추가 약해진 노인 환자를 의료보험의 범위 내에서 치료해주는 것을 모토로 삼고 있는 척추병원도 이 회장의 생각으로 추진된 것이다.

삼성은 소련이 붕괴되고 혼란스러울 때도 제자리를 지켰다. 소련이 러시아로 축소되던 시절에도 철수하지 않고 톨스토이문학상 제정을 후원했다. 소련은 붕괴되었지만, 톨스토이의 작품과 사상은 인간의 본질적인 문제와 맞닿아 있었기 때문이다.

사회공헌은 기술적인 경영학이나 경제학의 영역이 아니다. 사회공헌은 기본적으로 인간애를 바탕으로 한 인문학과 철학의 영역이라고 할 수 있다. 기업이 수익을 내고 잘나갈 때 위험이 닥치기 마련이다. 사회복지를 장애인복지와 아동복지, 여성복지, 교육복지, 문화복지, 환경복지로 구분하고 기술적으로나 부분적으로 다루기만 하면 왜 이것을 해야 하는지 공감대가 생기지 않는다. 너희는 주고 사회적 약자인 우리는 받아야 한다는 일방적인 관계가 설정되면, 왜 사회공헌을 해야 하는지도 모르고, 사회 구성원으로서의 의무와 목표도 사라지고 만다.

일본이 기술적으로 뛰어나고 비즈니스에서 굳건한 기초를 가지고 세계시장에서 승승장구하다가 갑자기 주저앉을 수밖에 없었던 이유는 무엇일까. 경제적 동물이라는 비아냥거림을 들으면서 무너진 것은 진정성 있는 사회공헌에 실패했기 때문이라는 분석도 있다. 일본에 잃어버린 20년이 닥친 것은 경제적 · 상업적으로는 성공했으나 사회공헌 분야에서 인문학적 접근이 부족하여 폐퇴했다는 해석을 내놓기도 한다.

이건희 회장은 생전에 이재용 부회장을 서울역 앞 쪽방촌에서 봉사활동하도록 시켰다고 한다. 경쟁력 있는 경영자가 되려면 사회적 약자의 입장을 눈으로 보고 직접 겪어봐야 한다는 취지였다. 이 이야기는 쪽방촌 봉사활동을 직접 주선한 사회공헌 담당자의 전언에 의존한 것이다.

소비자가 더 빨리 눈치채

지역사회공헌 인정제는 기업의 사회공헌 활동을 진단해서 공식적으로 확인해주는 제도로, 우리나라에서는 사회복지협의회 사회공헌센터가 유일하게 운영 중이다. 우선 기업과 기관이 지역사회 문제를 찾아내어 확인하고, 이를 상생 활동을 통한 공유가치로 만들어가야 한다. 단발성 행사에 그치지 않고 사회문제를 확인하고 공유했는지 여부가 중요하다. 문제 해결을 위해 프로그램을 개발하고 운영해서 그 효과를 진단받아야 한다. 기존의 활동은 단발성 이벤트에 불과하거나 기업의 이미지마케팅에 그쳤기 때문이다.

인정제의 취지는 지역사회 문제 해결을 위해 지속가능한 프로그램이 운영되도록 하는 데 중점을 두고 있다. 과거에는 기업의 이미지마케팅 혹은 이미지세탁 차원에서 사회공헌을 다루는 경향이 없지 않았다. 지금은 소비자 인식이 높아져서 이런 눈가림은 더 빨리 눈치채기 마련이다. 기업이 진정성을 보이면 소비자는 기꺼이 '돈쭐낸다'고 달려드는 것이 요즘 대세다.

기업의 사회공헌 활동뿐만 아니라 제품 생산에서 판매에 이르는 전 과정도 사회적 가치와 책임감이 따라주지 않으면, 그 기업의 물건이나 서비스는 사용하지 않겠다는 것이 요즘 소비자의 입장이다. 기업과 기관의 사회적 책임이 그만큼 보편화된 셈이다. 소비자가 '착한 기업'의 물건만을 소비하겠다고 나선 형국이다. 젊은 세대들이 '착한 소비'에 훨씬 더 적극적이다.

기업도 이제는 이런 사실을 잘 알고 있다. 쉽게는 주민생활 밀접형인 환경 개보수부터 탄소배출 문제, 기후변화 활동은 물론이고 생태계 파괴를 막아야 한다는 인식이 일반화되었다. 코로나19 이후에는 관심도가 더 높아졌다. 지역주민에게 물건을 팔고 서비스를 하면서도 동시에 생태계와 건강한 생활에 기여해야 한다는 점에서 주민의 요구를 정확하게 읽어내고 풀어나가야 한다는 어려움이 있다. 더군다나 전염병 확산은 기후변화와 생태계 보전 등 미래세대의 건강한 삶에 대한 관심을 촉구하고 있다.

이런 점에서 중소기업이나 소상공인은 어려움이 더 크다. 사회공헌이 대기업이나 공공기관 중심으로 이뤄지다 보니 소상공인은 소외되기 십상이다. 사회공헌은 거창하지 않아도 된다. 사소하고 작게도 시작할 수 있다. 친환경 소재로 포장을 바꾸고 리필이 가능한 용기를 사용하는 것만으로도 지속가능한 사회공헌이 이뤄진다. 오물을 버릴 때도 정화해서 버리면 사회공헌이다.

중소기업이나 소상공인들은 사회공헌이 대기업이나 가진 사람들이 하는 것으로 흔히 오해한다. 사회공헌을 부의 상징이라고 굳이 낙인 찍을 필요는 없다. 사소한 실천일지라도 이웃과 지역사회에 변화를 가져올 수 있고, 그것이 지속가능성을 지닌다면 충분히 사회공헌이 될 수 있다.

중소기업이나 소상공인도 지속적인 사회공헌이 기업의 성장에는 물론이고 지배구조 개선에도 도움이 된다는 보고서가 있다. 사회공헌은 건강한 지역사회를 위해 꼭 실천해야 할 요소로 자리 잡아가고 있다.

사회공헌 실무자의 고백

기업이 공식적으로 발표하는 지속가능발전 보고서는 항상 우수하고 훌륭하다. 외부에 보여지는 것은 그렇지만 사실은 그렇지 못한 경우가 많다. 특히 대기업은 평가기준에 맞는 어려운 보고서도 척척 잘 만들어낸다. 그렇지만 실무자들의 질문은 기초적인 수준에서 맴돈다.

지속가능한 사회공헌 프로그램을 어떻게 만드나요? 비영리단체는 어떻게 만나야 해요? 어떻게 해야 사회문제를 찾아낼 수 있지요? 중요성도 알겠고 그렇게 해야 한다는 것은 알겠는데, 어디서부터 어떻게 시작해야 할지 도무지 감이 잡히지 않는다는 고백이다.

보여지는 것은 훌륭한데 실제로 엉망인 이유는 여러 가지다. 우선 체계가 잡혀있지 않고, 특히 대기업은 잦은 순환보직으로 인해 단순한 경험이나 지식도 제대로 전달되지 않는다는 점이다. 보여지는 것과 달리 활동수준이 건강하지 못한 것도 원인이다. 문서가 잘 꾸며져 있고, 업무진행 성과도 실제로 존재하는 것은 맞다. 문제는 담당 임직원의 인식에서 찾을 수 있다.

가치나 철학을 거론할 필요는 없다. 문제는 대부분 태도에서 시작된다. 파트너인 비영리단체에 은근히 갑질하는 경우가 대표적이다. 돈을 받아서 실제로 일하는 비영리단체는 후원기관의 눈치를 볼 수밖에 없다. 은근하고 가벼운 갑질이 파트너십을 무너뜨리고 사업 진행을 엉뚱한 방향으로 몰고 간다. 잘못 끼운 단추 하나가 전체 모양을 일그러뜨리고 마는 형국이다.

한발 더 나아가 이런 부끄러운 경험과 가벼운 실수는 공유되지 않고 화려한 보고서 뒤로 살짝 숨겨진다. 여기서 쌓인 경험과 지식도 자연스럽게 묻혀버리고 만다. 그렇게 연결고리를 놓치고 나면 사회공헌은 헛바퀴를 돌기 마련이다.

지역사회공헌 활동의 가장 큰 매력은 비영리단체와 파트너십을 맺고 일한다는 점이다. 진정한 파트너십만이 지속가능한 사회공헌으로 올라설 수 있는 유일한 통로다. 비영리단체를 파트너로 인식할 때 비로소 건강한 사회공헌 문화가 형성된다고 볼 수 있다.

용어도 왜곡에 일조한다. 기업에는 기업에서 사용하는 용어가 있듯이 사회공헌에도 용어가 있다. 예컨대, '협력의 힘'이라고 번역되는 collective impact는 특정 사회문제를 해결하기 위해 서로 다른 분야의 활동가들이 공통의 어젠다를 중심으로 모여서 협업 방식을 이용해 논의하고 실행하는 것을 의미했다. 최근에는 의미가 바뀌어서 함께 배우고 조정하면서 시스템 차원의 변화를 이끌어내기 위한 공동체 구성원과 단체의 네트워크를 의미한다. 쉽게 설명하자면, 어떤 사회적 변화를 위해 구성원과 단체가 협업하는 것을 가리킨다. 사회공헌도 전형적으로 협력의 힘이 필요한 분야다. 어느 한 기관이 수행하면 해결하기 어려운 일을 여러 단체와 기관이 협업해서 가능하도록 만드는 것이 본질이다.

이 용어는 보스턴의 컨설팅업체 FSG 운영이사 존 카니아(John Kania)와 FSG 공동설립자인 마크 크레이머(Mark Kramer)가 2011년 SSIR(Stanford Social Innovation Review)에 게재한 논문 Collective Impact에서 처음 사용했다.

이윤추구를 위해 맹렬히 돌격하던 기업이 분위기가 완전히 다른 비영리단체와 함께 지역사회를 둘러보고 문제를 찾아내어 파트너십을 맺고, 문제 해결 프로그램을 만들어 실행하고 진단받는 과정이 지역사회공헌 인정제의 본질이다.

사회복지 전공자는 수혜자인 고객의 관점에 갇혀있기 마련이다. 복지는 수요자의 관점에서만 바라보지만, 사회공헌은 훨씬 더 큰 그림이다. 사회공헌에는 기업이 시민단체와 함께 손잡고 들어오고, 지속가능한 프로그램이어야 하고, 성과측정법을 통한 평가가 이뤄지고, 개별적이라기보다는 집합적인 성과와 확산을 고려해야 한다.

환경개선 활동도 사회공헌?

지역사회공헌과 관련된 개념도 CSR(Corporate Social Responsibility, 기업의 사회적 책임), CSV(Creating Shared Value, 공유가치 창출), ESG(Environmental Social Governance, 환경보호 사회공헌 윤리경영) 등으로 점차 범위가 늘어남과 동시에 다양해지고 있다. 구체적인 실천지침인 SDGs는 빈곤, 농업, 교육, 의료, 주거 등 광범위한 개념을 내포하고 있다.

SDGs(Sustainable Development Goals, 지속가능개발목표 또는 지속가능발전목표)는 2000년부터 2015년까지 시행된 밀레니엄개발목표(MDGs)를 종료하고 2016년부터 2030년까지 새로 시행되는 유엔과 국제사회의 최대 공동목표다. 인류의 보편적 문제(빈곤, 질병, 교육, 성평등, 난민, 분쟁 등)와 지구 환경문제(기후변화, 에너지, 환경오염, 물, 생물다양성 등), 경제 · 사회 문제(기술, 주거, 노사, 고용, 생산-소비, 사회구조, 법, 대내외 경제)를 2030년까지 17가지 주요 목표와 169개 세부 목표로 나눠서 구체적으로 해결하고자 한다.

협의회에서 시행하는 다양한 사회복지종사자 교육에서 나오는 가

SDGs 17대 목표

1. 모든 형태의 빈곤 퇴치

   모든 곳에서 모든 형태의 빈곤 종식

2. 기아 해소와 지속가능한 농업

   기아 종식, 식량 안보 달성, 개선된 영양상태의 달성, 지속가능한 농업 강화

3. 건강과 웰빙

   모든 연령층의 모든 사람을 위한 건강한 삶 보장 및 복지증진

4. 양질의 교육

   포용적이고 공평한 양질의 교육 보장 및 모두를 위한 평생학습 기회 증진

5. 양성평등

   성평등 달성 및 모든 여성과 소녀의 권익 신장

6. 물과 위생

   모두를 위한 물과 위생의 이용 가능성 및 지속가능한 관리 보장

7. 에너지

   모두를 위한 저렴하고 신뢰성 있으며, 지속가능하고, 현대적인 에너지에 대한 접근 보장

8. 양질의 일자리와 경제성장

   모두를 위한 지속적이고 포용적이며 지속가능한 경제성장 및 완전하고 생산적인 고용과 양질의 일자리 증진

9. 혁신과 인프라

   회복력 있는 사회기반시설 구축, 포용적이고 지속가능한 산업화 증진 및 혁신 촉진

10. 불평등 완화

국가 내 및 국가 간 불평등 완화

11. 지속가능한 도시

포용적이고 안전하며 회복력 있고 지속가능한 도시와 정주지 조성

12. 지속가능한 소비와 생산

지속가능한 소비 및 생산 양식 보장

13. 기후변화와 대응

기후변화와 그 영향을 방지하기 위한 긴급한 행동 실시

14. 해양 생태계

지속가능개발을 위한 대양, 바다 및 해양자원 보존 및 지속가능한 사용

15. 육상 생태계

육상 생태계의 보호, 복원 및 지속가능한 이용 증진, 산림의 지속가능한 관리, 사막화 방지, 토지 황폐화 중지, 역전 및 생물다양성 손실 중지

16. 평화와 정의 제도

모든 수준에서 지속가능개발을 위한 평화롭고 포용적인 사회 증진, 모두에게 정의에 대한 접근 제공 및 효과적이고 책임 있으며 포용적인 제도 구축

17. 파트너십

이행수단 강화 및 지속가능개발을 위한 글로벌 파트너십 활성화

장 잦은 질문은 환경개선 활동이 사회공헌으로 인정되느냐는 것이다. 우선 환경개선에는 수요자인 사람이 없다고 여긴 탓이다. 고객이 없는데 사회공헌이 되겠느냐는 의문이다. 혜택이 바로 돌아가지 않는다는 점도 의심을 키웠다.

지역사회공헌의 범위를 이해하는 데도 시간이 필요했다. 지역사회공헌 인정제 1차 심사를 관장하는 지역협의회 사무국에서조차 사회공헌의 범위에 혼선이 있었다. 코로나19 때문에 화상으로 진행된 아홉 차례에 걸친 회의에서 반복해서 설명해도 여전히 질문은 이어졌다.

질문의 수준으로 인식변화를 유추할 수 있었다. '사회공헌이 무엇이냐?'에서 시작된 질문은 '고객이 없는 환경문제가 사회공헌이 맞나요?'를 거쳐 '단발성 활동도 사회공헌에 포함되느냐?'로 발전한다. 이제는 '참여를 독려하려면 어떻게 해야 하느냐?'라든가, '프로그램 확산을 위해서는 어떤 노력이 필요한가?' 등 질문 수준이 높아졌다.

25개 간단한 질문으로 바로 진단

지역사회공헌 인정제에 대한 인식은 다양하게 변화해왔다. 인정제를 시작하면서 제도의 존재와 필요성을 알리기 위해 780여 개 공공기관에 안내공문을 발송했다. 동시에 기관별로 직접 전화해서 공문 수신 여부를 묻고 설명을 곁들였다. 초기 반응은 "강제사항이 아니지 않으냐?"였고, 따라서 불필요하다거나 참여할 이유가 없다는 식이었다. 인식 부족도 있었겠지만, 필요성을 못 느낀 탓이었다.

2019년도에는 전체 780개 공공기관 중에서 50개가 인정을 받았다. 그러다가 2020년 들어 갑자기 분위기가 바뀌었다. 기획재정부의 중앙 공공기관 평가와 행정안전부의 지방 공공기관 평가에서 사회공헌과 자원봉사를 평가지표로 활용하기 시작했다. 공공기관이 사회적 가치실현을 증명할 그 무엇이 갑자기 필요해졌기 때문이다. 진정성을 떠나서 당장 공식적인 증빙자료로 활용할 인정제가 필요해졌다.

그러자 갑자기 전화 문의가 폭주했다. 전화해서 대뜸 인정제가 언

제부터 시행되었는지 물었다. 2019년부터 시범사업을 시작했다고 말하자 왜 우리한테는 안 알려줬냐고 되물었다. 공문을 보내고 직접 전화해서 취지를 설명했다고 알려줘도 막무가내였다. 왜 자세히 안 알려줬냐는 항의성 전화가 대부분이었다.

지역사회공헌 인정제가 공공기관에 알려지는 데 걸린 기간은 딱 5개월이었다. 이후 걸려온 전화는 어떻게 참여해야 하느냐, 구체적인 혜택이 뭐냐는 등 심사 참여를 전제로 한 질문이 주류다. 민간기업들도 마찬가지다. 과거에는 단순히 이미지메이킹 정도로 여기던 사회공헌이 분위기가 바뀌면서 필수요건으로 돌아섰다. 소비자 입장에서는 이미 '착한 소비'가 대세로 자리 잡고 있었기 때문이다.

인정받은 기업이나 기관은 보도자료를 배포할 때 '지역사회공헌 인정기업'이라는 수식어를 넣어서 작성하는 것이 공식이 되었다. 지역사회공헌 인정제가 '착한 기업' 증명서로 통용되기 시작한 것은 당연한 일이었다.

인정 절차는 간단하다. 질문에 대한 답변을 300자 이내로 제한해 문서작업 부담을 줄였다. 25개 지표에 대한 간단한 응답과 증빙 사진만으로 신청이 가능하다. 지역협의회의 1차 심사를 거쳐 3개월 후에 결과를 알려준다. 지속적인 활동을 담보하기 위해 매년 재심사를 통해 인정서를 발급해주고 있다. 25개 지표에 대해 응답하는 과정에서 지난해의 실적을 돌아보면서 '반성의 시간'을 가질 수 있었고, 동시에 응답하면서 사회공헌 취지에 대해 새롭게 공감하는 시간을 가질 수 있었다는 반응도 있었다. 인정심사 진단 결과가 전달되면 그것만으로도 사회공헌 전반에 대해 다시 점검하는 계기가 되어 크게 도움이 된다는 반응도 적지 않았다. 억지춘향이라도 참여가 대세가 되고, 시간이 걸리더라도 마침내 취지를 이해해서 진정성을 갖추게 되면 실질적인 사회공헌이 훌륭하게 이뤄지게 되는 셈이다.

금요일 오후에 퇴근하면서 퇴사하는 계약직

"사회복지협의회는 유명무실하고 없어져야 할 단체다."

사회공헌센터 C 차장이 대학 4학년 재학 당시 지역복지론을 강의한 권모 교수(당시 사회복지공동모금회 이사) 수업에서 들었던 내용이다. 교과서에는 1952년 설립된 사회복지의 초석이 된 기관으로 나와 있는데, 어찌된 일인지 교수의 지적이 궁금했다. 인턴으로 근무하던 지구촌복지재단 박창석 감사에게 부탁해 협의회로 4주간 현장실습에 참여할 기회를 얻었다. 박 감사는 협의회 부장 출신이었다.

현장실습에서 만난 협의회는 달랐다. 당시 현장실습 책임자는 교육연수실 D 실장이었다. 협의회는 가족 같은 분위기에서 밀려드는 업무로 밤늦게까지 일했다. D 실장의 제의로 단기 아르바이트 자리를 얻어 3개월간 더 근무했다. 당시 연봉이 높은 사이버대학 정규 직원으로 취업했으나 포기하고, 6개월 계약직을 선택해 다시 협의회 근무를 이어갔다. 계약기간이 끝나고 이번에는 용인종합복지관에 취업됐다. 광역버스를 타고 출근한 첫날 D 실장의 전화를 받고 다시 협의회로 돌아와 계약직으로 복귀했다. 이유는 단 하나, 협의회 사람들과 일하고 싶었기 때문이다.

계약직으로 당시 맡았던 업무는 사랑나눔실천운동사업이었다. 공무원 보수의 1%를 기부하는 사업으로 5천만 원이던 후원금을 6개월 후 3억 원까지 키워놓고, 계약기간 만료로 어느 금요일 오후에 퇴근하면서 퇴사했다. 울적해서 충남 서천 고향에 잠시 내려가 있는데, 이틀 뒤 전화가 걸려왔다. 당시 대방동에 사무실이 따로 있던 사회복지정보시스템을 맡고 있는 H 부장이었다. 다시 계약직으로 복귀해서 시설정보시스템 운영팀에서 2년간 근무하게 된다. 협의회 정규직 모집에 계속 응시해 세 차례나 떨어지고 네 번째 합격했다.

정규직으로 입사한 뒤 첫 근무지는 푸드뱅크사업단이었다. 협의회가 운영하던 사회복지시설정보시스템은 별도기관인 사회보장정보원으로 이관되면서 직원 전원이 옮겨갔다.

교육연수실로 자리를 옮겨 6년간 근무했다. 교육연수실은 보건복지부 직무능력향상교육을 중심으로 운영되고 있었다. 직무능력향상교육은 사회복지 현장 종사자 역량강화 교육프로그램이다. 교육프로그램별로 차이는 있었지만, 10만 원 정도의 수강료를 받았다. 예산 자체가 미약했기 때문에 당시 산업인력공단에서 시행하는 컨소시엄사업에 욕심이 생겼다. 제안서를 고쳐가며 반복해서 제출했지만 계속 떨어졌다. 칠전팔기 정신으로 포기하지 않고 도전하여 비로소 1년 반만에 선정되었다.

몇 안 되는 부서 인원 중에서 예산 부족으로 계약직 직원들이 수시로 떠나는 모습을 지켜보는 아픔을 겪었다.

보직 순환으로 휴먼네트워크로 이동했다. 지금의 멘토링사업단으로 바뀐 휴먼네트워크는 당시 계약직 직원이 대부분이었다. 퇴사가 잦은 계약직에게 많은 업무를 맡기기가 어려운 측면도 있었다. 한편으로 자신이 계약직으로 오래 일한 경험을 지닌 C 대리는 계약직 직원이 업무에 대한 책임감을 가지고 적응하는 것을 돕기 위해 많은 노력을 기울였다. 업무 배정은 늘 그렇게 갈등의 요인을 안고 있었다.

멘토링 부서에서 그렇게 계약직 직원들과 함께 일하다가 자원봉사사업단으로 자리를 옮겼다. 공공기관인 협의회는 정부 방침에 따라 비정규직의 정규직화가 빠르게 진행됐다. 현재는 대부분이 정규직이고, 일부 육아휴직이나 출산휴가 등을 대신하는 계약직이 존재할 뿐이다.

나달이는 서상목 회장의 양아들

사회공헌센터 C 차장은 원래 미술대 진학을 꿈꾸었다. 고교 시절 내내 그림 공부만 했다. 꿈이 깨진 것은 건설업을 하던 부친이 부도가 나면서부터였다. 갑자기 진로를 변경해 사회복지학과에 진학했고, 집이 경매로 넘어가는 바람에 기숙사로 들어가야 했다. 근로장학생으로 학비를 보태면서 저녁에는 편의점 아르바이트, 주말에는 맥도날드 아르바이트를 뛰었다.

교회에서 지원하는 장학금을 받기도 하고, 복지재단 장학금도 받았다. 장애인 시설 3교대 근무도 경험했다. 하루에 4시간 자고 공부해서 좋은 점수를 얻어 졸업했다. 그 와중에 대학 행정실의 도움으로 미국 오리건주 조지폭스대학에 교환학생으로 다녀오기도 했다.

자원봉사사업단에 근무할 때 유튜브 채널을 개설하자는 제안서를 올렸다. 당시 유튜브 운영은 개인 유튜버가 중심이던 시절이라 기업과 기관의 유튜브 운영은 아직 활성화되지 않았다. 협의회 홍보방안으로 유튜브 운영 제안서를 만들었으나, 낯선 계획에 부서 내에서도 반대 의견이 대부분이었다. 나름대로 확신을 가진 C 과장은 제안을 거둬들이지 않았다. 그러다가 마침내 서 회장 앞에서 제안서를 직접 설명할 기회를 얻었다. 설명을 들은 서 회장은 보완을 지시하면서 보류했다. C 과장은 제안서를 다시 만들어 다른 각도에서 서 회장을 설득했다. 두 번째 시도도 실패했다. C 과장은 멈추지 않고 다시 세 번째 설명을 준비했다. 세 번째 설명을 들은 서 회장은 한번 해보라고 C 과장 손을 들어줬다. 그렇게 해서 사회복지협의회 공식 유튜브 '나눔채널 공감'이 탄생했다.

나눔채널 공감이 열렸고, 후임자는 나눔사업의 마스코트인 '나달이'를 만들어 나눔채널 공감에 출연시켰다. 나달이는 '나눔의 달인'이라는 뜻이다. 마스코트 나달이는 태어나자마자 서상목 회장과 부자 상봉 행사를 갖고 공식적으로 서 회장의 양아들이 되었다. 서 회장 사무실을 방문한 나달이는 첫 대면부터 고향사랑펀드에 가입해야 한다면서 용돈을 달라고 서 회장에게 졸라대는 바람에 주변의 웃음을 샀다.

한편, 워킹맘이던 C 과장은 과중한 업무 스트레스를 겪으면서 한동안 사직을 심각하게 고민하기도 했다. 그러다가 차장으로 승진하면서 개편된 사회공헌센터에 입성하여 새로 세팅해야 할 지역사회공헌 인정제 업무를 맡게 된다. 인정제 시행을 선언했지만, 실제 업무는 거의 맨주먹으로 시작해야 하는 상황이었다. 우선 인정심사 진단을 위한 심사지표를 기획하고 설계하는 업무부터 시작했다.

인정제도를 처음 시작한 2019년도는 모든 것에 사람 손이 필요했다. 156개 심사서류를 우편으로 받아 일일이 서류 분류작업부터 진행했고, 심사 결과 자료를 수기로 만들었다. 그 과정에서 신청서류가 우송 중에 분실되는 어이없는 사고가 발생하기도 했다. 이후 인정제도의 확장성과 안정성을 고려해 서류접수부터 심사까지 온라인으로 진행이 가능한 인정제 전산시스템을 구축했다. 이듬해인 2020년부터 완전한 온라인 심사가 가능해졌다.

인정제 온라인 플랫폼이 완성되면서 바로 500여 개 기업이 가입했고, 현재 1천 개가 넘는 기업이 회원으로 등록되어 있다. 심각해진 코로나19에도 불구하고 2020년 350개소가 신청해 265개 기업이 인정을 받았다. 코로나19 상황이 지속되면서 인정심사는 온라인 방식으로만 진행됐다. 코로나19 여파에도 2021년에는 430개소의 기업과 기관이 인정제 심사에 참여해 350개소가 관문을 통과했다.

플랫폼 홈페이지를 제작하면서 수묵담채화의 과감한 여백미를 채택해 눈길을 끌었다. 홈페이지 디자인을 보고는 사회공헌센터가 굉장히 큰 조직인 줄 알았다는 얘기를 듣곤 했다. 미대 진학을 위해 그림 공부에 매달렸던 3년의 노고가 뒤늦게나마 그렇게 빛을 보게 된 셈이다.

가면을 쓴 사회공헌

금액을 크게 적어넣은 보드를 들고 서서 사진을 찍는다. 사진에는 복지법인의 대표자와 기관장이나 기업 대표가 등장한다. 쌓아 올린 박스에 플래카드가 걸린 장면도 흔히 볼 수 있었다. 소위 윗분들의 취향이 사진의 분위기를 좌우한다. 이런 행사의 고객이라 할 수 있는 수혜자는 사진에서 볼 수 없다. 정작 강조되어야 할 지역민이나 소외계층에 속한 대상자는 쏙 빠져있다.

이런 일은 수시로 발생한다. 특히 명절이나 연휴에 이런 경우가 많다. 글로벌 기업이나 전국적인 기관에서 다급하게 연락이 와서 추진해야 하는 행사가 있으니 협조를 부탁하는 식이다. 기관 대 기관으로 접근하는 경우가 많아 어차피 협업해야 하는 상황인데, 정작 현장의 의견이 잘 반영되지 않은 경우가 많다. 특히, 행사를 위한 행사이기 때문에 적당한 배경이나 사진 촬영을 위해 행사장을 별도로 마련하는 경우가 대부분이고, 이 경우 정작 중요한 소외계층과 함께하는 모습은 부족하다.

급하게 요청이 오면 실무자 간에는 최선을 다해 조율하고 검토한다. 협의회가 민간사회복지전달체계를 위한 중심기관이기 때문에 이런 일은 도맡아서 한다. 다만, 어렵사리 마련된 행사라면 좀 더 미리 준비해서 기업과 기관이 소외계층을 위한 행사로 꾸미고, 더하여 사회적 가치를 함께 나눌 기회가 될 수 있도록 배려했으면 하는 마음이다.

전자상거래가 부상하면서 새로운 사업모델을 모색하기 위해 업계 1위 업체의 고객센터에 문의한 적이 있었다. 협업할 방법이나 프로그램을 모색해보자는 취지였다. 담당 부서장에게 취지를 설명했더니 의외의 답변이 돌아왔다.

회사가 사업을 통해 구현하고 있는 남다르게 빠른 배송이 바로 사회공헌이라고 설명했다. 그 회사가 추구하는 사회공헌은 고객이 만족할 수 있는 서비스를 제공하는 바로 그 점이라고 했다. 고객이 바로 사회구성원이고, 고객이 만족할만한 서비스를 제공한다면 바로 그것이 사회공헌이라 본다고 스스로 결론지었다. 틀린 말은 아니었지만, 전통적인 사회복지와 사회공헌이라는 측면에서는 상당한 거리감이 느껴졌다.

반면 전자상거래업체 경쟁사는 이미 사회공헌 관련 시스템을 테스트 중이었다. 예컨대, 옷을 사면 사이즈와 색상을 선택해서 결제할 수 있듯이, 취약계층 후원 프로그램을 심어서 고객이 선택해서 결제할 수 있도록 했다. 특히 여성 생리대는 독립상품으로 올려져서 고객이 취약계층을 위해 구매하고 결제할 수 있도록 구성되어 있었다. 이 회사는 사회공헌센터와의 연계를 전제로 다양한 프로그램을 검토 중이다.

한 패션업체에서는 지역협의회와 협업해서 각 지역을 대표하는 사회문제나 특산물을 티셔츠 이미지로 반영해 판매하고 수익을 지역협의회에 기탁하는 방식으로 사회공헌을 진행하고자 했다. 예컨대, 보성

녹차나 나주 참외 같은 특산물을 상징 아이콘으로 디자인하고 재가공해서 실제 제품 판매와 연결하고자 추진하고 있다. 이 과정에서 협의회의 지역현안을 담아내는 것이 어떨지 고민하고 있다. 또 다른 패션업체는 태극기 문양의 신발과 팔찌를 판매한 수익금으로 독도 캠페인과 위안부 할머니를 후원했다. 이런 형태의 캠페인도 사회공헌과 무관하지 않다는 생각이다.

조건은 세 가지였다. '안내와 배포만 해달라', '잘 전달될 수 있도록만 해달라', '사회복지 현장 종사자들이 잘 활용해줬으면 좋겠다'. 배포물품은 대형병원 아동 환자들의 작품으로 제작한 달력 2만 부가량이었다. 해당 재단은 업무협조를 부탁하면서 현장 사회복지사의 업무부담을 제일 먼저 걱정했다. 추가적인 행정절차도 필요 없다고 했다.

시 · 도 협의회의 3개 관협회인 노인복지관협회, 장애인복지관협회와 종합사회복지관협회에 일괄 배포해 달라는 요청이었다. 통상적으로 물품에는 기증자의 로고가 먼저 들어가고 나머지 기관을 나열하기 마련인데, 그것조차 협의회의 의견에 따르겠다고 했다.

이 일은 사소하지만 협의회와 회원사인 3개 관협회의 첫 공동프로젝트였다. 평소 업무차 전화하면 "무슨 일로 전화하셨냐?"면서 다소 까칠하게 응대해오던 터에 실무선에서나마 기분 좋게 협력할 일이 생긴 셈이었다. 나중에 재단 관계자는 실무자들에게 일일이 전화해서 도와줘서 고맙다는 인사말을 전해서 감동을 더했다.

사회공헌도 브랜드파워로 밀어붙인다는 느낌을 받을 때가 있다. 예컨대 대기업 사회공헌팀이 프로그램을 진행하면서 현실성이 떨어지는 적은 금액으로 진행비와 인건비를 책정해서 요청한 경우다. 프로젝트의 성격상 한 명 인건비로는 감당이 안 되는 사안인데도 진행비와 인건비를 한 명분도 안 되게 책정했다. 자원봉사단체와 사회복지법인 등을 상대로 받으려면 하고 아니면 말라는 식의 제안을 한 셈이다.

물론 단일 프로젝트로는 규모가 있기 때문에 힘이 들더라도 내심으로는 대기업과 파트너였다는 이력과 미래 전략적인 측면으로는 검토가 가능하다고 보는 듯 했다. 팀장급 담당자의 퇴사로 사회공헌 업무 성격을 잘 모르는 후임자가 다른 부서에서 흔히 하는 프로젝트를 추진하듯이 진행했다.

사회공헌과 브랜드파워의 불일치는 자주 벌어지는 일이다. 어떤 경우에는 '의외로 이런 사업을 하고 있었구나' 하고 놀라기도 하고, '이 정도밖에 안 돼?'라는 생각이 드는 때가 있다. 특히 소비재의 경우에는 우리가 일상에서 그 제품을 실제로 사용하고 있다. 제품의 수준과 기업의 사회공헌이 겹쳐 보이지 않을 수 없다. '내가 사용하는 제품과 사회공헌 규모나 내용이 어떻게 연결될까?' 하는 생각이 들지 않을 수 없다. 거시적인 사회복지 측면에서 보면 국민이 소비자이고, 미시적인 측면에서는 소외계층이 소비자가 된다. 우리가 생활하면서 사용하고 있는 브랜드와 사회공헌의 세련됨에 차이가 없었으면 하는 바람이다.

수없이 많은 사회공헌 1위

기업의 사회공헌이 주목받으면서 사회공헌에도 짝퉁이 나왔다. 우선 사회공헌에는 순위를 매겨서 대상을 주거나 1위로 호칭하는 일이 없다. 기타 공공기관 한국사회복지협의회가 운영하는 사회공헌센터는 보건복지부와 함께 사회공헌 인정제를 운영하고 있는 유일한 기관이다.

여기서 굳이 1위라고 한다면, 사회공헌 심사에서 장관상을 받은 경우가 이에 해당한다고 할 수 있다. 사회공헌센터가 시상제를 둔 것은 나름대로 모델케이스를 보여주고 사회공헌을 확산하고자 하는 취지에서다. 지역 안배 차원에서 17개 지역협의회를 고려해 10개 모델케이스를 선정해서 시상하고 있다.

사정이 이러한데도 사회공헌 1위 기업체가 수없이 많은 것이 현실이다. 가장 활발하게 사회공헌 1위 기업을 선정하는 것은 언론이다. 신문이나 방송이 자체적으로 사회공헌 기업을 선정해서 각종 시상을 남발하고 있다.

방식도 다양하다. 자체적으로 심사위원회를 꾸려서 심사비를 받는다는 명목으로 과도한 비용을 요구하는 사례가 대표적이다. 요란한 시상식을 열어주고 기사도 실어주면서 필수적으로 광고 게재를 요구한다. 결국 광고비나 심사비 명목으로 수백만 원, 혹은 수천만 원까지 요구하는 사례가 알려져 있다.

업계에서는 심사비를 받고 기사도 실어주고 광고도 해주는 세트상품을 아예 '돈 주고 산다'고 표현한다. 상을 돈 주고 사는 셈이다. 이런 분위기 속에서 최근에는 사회공헌 관련 사단법인을 설립해 시상하는 사례도 추가됐다.

오마이뉴스는 '당신이 보는 경제지가 말해주지 않는 진실'이라는 기획기사에서 "더 나은 세상을 위한 ESG?"라는 제목의 기사(2021년 8월 28일자)를 싣고, 기업의 사회공헌을 이용한 언론사의 영업행태를 적나라하게 까발렸다.

문재인 대통령이 2021년 3월 제48회 상공의 날 기념식에서 "올해를 ESG경영 확산의 원년으로 삼겠다"며 "따뜻한 자본주의 시대를 열어야 할 때"라고 말한 사실이 이 같은 사태에 기름을 부었다고 보고 있다.

기사에서는 경제지들이 ESG 붐을 이용해 돈벌이에 나섰다고 적시했다. 당장 'ESG클럽'을 회원제로 운영하면서 자사 일간지와 월간지 지면을 이용한 기사 지원과 CEO 인터뷰 등 다양한 기업 홍보활동 지원을 내세우면서 연회비 1~2천만 원을 받고 있다고 폭로했다.

여기에는 프리미엄 콘텐츠를 실시간으로 제공하고 지식네트워크를 구축하는 등 ESG경영을 돕는 든든한 동반자가 되겠다고 하면서 특별이벤트와 라운드테이블 등의 행사, ESG경영대상 평가심사비 할인 혜택 등이 나열돼 있다. 이와 관련해 한국광고주협회가 200대 기업 광고홍보 담당자를 대상으로 실시한 실태조사에서 응답자의 50%가 언론사로부터 기사 게재를 위한 광고 협찬비 요청이나 포럼 행사를 위한 협찬비 요청, 행사 참여 요청을 받았다고 공개했다.

이 기사는 기업이 정말 ESG를 잘 수행하고 있는지 감시하고 견제하는 역할을 해야 할 언론이 되레 ESG를 돈벌이 전략으로 이용하는 플레이어로 뛰어들었다고 꼬집었다. 기사는 또 해외사례로 글로벌 기후변화 프로젝트에 적극 참여하는 영국 일간지 「가디언」이 앞으로 화석연료 기업광고는 더 이상 싣지 않겠다고 선언하며 2030년까지 순 배출 제로를 달성하는 기업목표를 밝혔다고 소개했다. 영국 공영방송 BBC 퓨처섹션 중 하나인 「퓨처 플래닛」은 자신들이 취재하고 작성한 기사에서 얼마만큼 탄소가 배출되는지 측정해 독자들에게 투명하게 공개하고 있다고 소개했다.

하루 즐겁고 364일 시달린다

교과서적인 사회복지와 실무형 사회공헌은 완전히 다르다. 사회공헌센터 S 대리가 통계적 분석을 통해 기업 담당자 인식을 조사한 결과다. 사회복지와 사회공헌에 대한 인식을 비교하는 조사였다. 비슷하게 생각할 것으로 예상했지만 결과는 달랐다. 사회공헌을 사회복지와 다르게 인식하는 경향이 뚜렷했다.

단순한 정수 비교는 아니었지만, 분석 결과 사회공헌센터가 회원기관에 어떤 역할을 해줄 것으로 기대하는 것으로 나타났다. 단순히 후원하거나 기금을 마련하는 것이 아니라 실제로 수요자가 필요하다고 하면, 그 기관과 소통해서 프로그램을 개발하고 함께 실행에 옮기는 과정을 겪게 될 것이라고 기대한다는 얘기다.

S 대리는 통계학 전공이 아니면서도 대학 내 연례 통계경연대회에서 수상했을 정도로 통계 분야에 관한 한 뛰어난 실력자다. 학부생이면서도 대학원 연구보조를 자청해 데이터 분석작업을 하면서 추가로 부

족한 실력을 벌충했을 정도로 통계학을 파고들었다.

S 대리는 복지 현장이 큰 변화를 겪고 있다고 진단했다. 기업이 어떤 방향으로 원하는 것이 있다고 하더라도 현장 상황은 다른 경우가 많다. 기업이 사진찍기 좋은 김장 담그기 행사를 원한다고 하더라도 정작 현장에서는 아무도 그런 행사를 원하지 않을 수 있다는 것이다. 실제로 협의회는 기업과 정부, 복지서비스 수요자를 모두 직접 접촉하여 의견을 나눈다. 현장의 수요와 기업의 방향성, 정부의 의중이 어떤 형태로든 조정되어야 지속가능하고 의미 있는 사업을 순조롭게 진행할 수 있다.

사회복지 현장에도 이제는 관료적인 행태가 많이 사라지고, 기업도 돈을 대준다고 해서 갑질을 한다거나 주니까 받으라는 식의 무책임한 관행에서 거의 벗어났다. 사회복지공동모금회가 돈을 가지고 있다고 해서 공모로 사업비를 나눠주는 방식은 구태의연하다는 소리를 듣는 이유다. 그러다 보니 공동모금회 지원을 받는 것을 "돈 받을 때 하루 즐겁고 364일 내내 시달린다"는 얘기를 듣는다. 관료조직이 예산을 주고 나면 결산할 때까지 "매뉴얼을 지켜달라"는 요청 아래 끊임없이 간섭하고 괴롭힌다는 점을 빗댄 표현이다.

협의회는 지금도 학계의 비판을 받고 있다. 협의회를 시설단체장들이 모인 이익단체 정도로 오해하는 오래된 인식에서 벗어나지 못한 탓이다. 협의회를 없어져야 할 조직이라고 극단적인 비판을 쏟아내는 사람도 없지 않다. 결국 박근혜 정부는 행정조직별로 시설 종사자와 공무원, 상인회까지 참여하는 사회보장협의체를 구성했다. 주민센터 단위까지 사회보장협의체가 구성되어 복지계획을 세우도록 했다. 민간기관은 의견이 나와도 추진할 힘도 없고 능력도 부족하다는 선입견이 강하기 때문이다.

이런 문제를 제대로 파악하려면 생각의 기준점에 집중해야 한다. 정부 기준에서 보면 제대로 된 성과도 중요하지만, 중간에 사고가 터지면 절대로 안 된다는 방어막을 세워야 비로소 안심할 수 있다. 기업 입장에서는 소비자가 인정해주고 혹시 감동한다면 더 고마운 일이고, 복지 수요자는 오로지 제대로 된 복지서비스를 원한다. 미묘한 삼각관계를 잘 조율해내는 조정자가 필요하다.

S 대리는 협의회가 운영하는 지역사회공헌 인정제도가 이런 구조를 가진 사회복지서비스에 최적화되어 있다고 확신한다. 지역사회공헌 인정제가 진행되는 동안 실질적인 현장 실무를 맡아온 덕분에 지금은 기업 관련 정보가 많이 축적되었다. 특히, 빈번한 접촉을 통해 기업이 필요로 하는 요소들을 재빠르게 파악해서 주선하고 준비해주는 역할에 분주하다. 기업이 원한다면 서 회장의 일정을 살펴서 같이 사진을 찍도록 주선하는 것도 S 대리의 업무다. 기업이 갑자기 지역아동센터에 기부할 제로웨이스트 키트가 필요하다고 하면, 취지와 방향성을 감안해서 적합한 제품을 찾아내 알려준다. "일은 즐거운데 늘 손이 모자라서 내 분신이 하나 더 있었으면 하는 생각"이라고 고충을 토로했다.

유행에 민감한 사회공헌

사회공헌혁신스쿨 실무자교육은 인기 프로그램이다. 올해는 교육생 모집공고의 디자인을 좀 다르게 꾸몄다. 'ESG'를 강조해서 지면 전체에 꽉 들어차게 배치했다.

종전에는 기업의 사회공헌 담당자들만 참석하는 프로그램이었지만, 이번에는 달랐다. 우선 기업 팀장급 신청이 몰렸고, 사회단체 대표들도 등록했다. 증권회사 애널리스트도 명단에 올라왔다.

ESG가 새롭다거나 전에 없던 얘기는 분명히 아니었다. 단지 대세를 타고 있는 ESG의 명칭을 새롭게 디자인하고 전면에 내세운 점이 주효했다고 볼 수 있다. 예나 지금이나 환경보호 캠페인은 늘 있어왔고, 옛날에도 사회문제는 반드시 다뤄야 할 과제였음에는 변함이 없다. ESG가 어떤 기업을 판단하는 비재무지표로 활용되면서 그 중요성이 부각되었을 따름이다. 제목과 디자인의 중요성이 새삼 느껴지는 대목이다. 대세를 따르고 타이밍을 맞춰주면 그만큼 일의 흐름이 쉬워진다는 얘기다.

ESG가 이제는 마케팅팀도, 인사팀도 알아야 하는 그 무엇이 되어 버린 셈이다. 그렇다면, 이 또한 유행처럼 한 시대를 풍미하다가 흘러가 버리고 마는 순간적인 경향에 불과한 것인가.

ESG는 기업의 비재무적 요소인 환경보호(Environmental), 사회공헌(Social), 윤리경영(Governance)을 뜻한다. 의사결정을 할 때 장기적인 관점에서 기업가치와 지속가능성에 영향을 주는 요소를 충분히 반영해야 한다는 의미다. 이 점이 기업이 얼마를 벌어들였는지에만 집중하던 과거와 분명히 구분된다.

기업이 이익 창출에만 집중한 과거와 달리 '지속가능한 경영'을 외치는 목소리가 꾸준히 나오고 있다는 점이 다르다. 기업의 지속가능성에 대한 얘기가 2021년에 갑자기 등장한 것은 아니다. 용어를 정확하게 구분하기는 쉽지 않지만, 기업의 사회공헌, CSV, CSR은 이전에도 줄곧 사용되어왔다.

구분을 위해 굳이 설명하자면, 기업의 사회공헌은 기업이 이윤과 자원을 활용하고, 임직원의 봉사활동을 통해 사회공동체의 삶을 개선하는 일련의 과정을 의미한다. 봉사활동에 중점이 주어진다.

CSR(Corporate Social Responsibility, 기업의 사회적 책임)은 사업수행의 전 과정에서 모든 이해관계자에게 경제적 책임은 물론, 법적 · 윤리적 · 사회적 · 환경적 책임을 포함한 포괄적 책임을 지우겠다는 의미다.

CSV(Creating Shared Value, 공유가치 창출)는 사업수행의 가치사슬(value chain) 기반 위에서 사회문제와 환경문제를 해결하면서 동시에 이익도 창출하는 비즈니스 전략이나 비즈니스 모델을 의미한다. 기업 본연의 이익 창출에 사회문제와 환경문제를 얹어서 해결한다는 느낌이 없지 않다. 사회문제와 환경문제를 해결하고자 하는 노력이 훌륭한 비즈니스 모델로 진화한 경우도 흔히 볼 수 있다.

ESG경영은 환경과 사회의 지속가능성을 해치지 않는 의사결정을 하는 경영이라고 할 수 있다. 'EGS'라는 용어가 처음으로 등장한 계기는 2005년 유엔환경계획 금융이니셔티브(UNEP FI)가 "금융투자를 할 때 ESG를 고려하는 것이 수탁자 책무(fiduciary duty)에 대한 책임 있는 투자"라는 법률해석을 내놓으면서부터였다.

유엔환경계획과 주요 금융기관이 결성한 국제파트너십에서 나온 이 용어는 이후 유엔글로벌컴팩트에서 공식용어로 등장한다. 유엔글로벌컴팩트는 코피 아난 전 유엔사무총장이 주도해서 2000년 출범한 기업의 사회적 책임에 대한 국제협약이다. 애초부터 금융투자와 함께 묶인 용어였던 셈이다. 2006년에는 유엔 책임투자원칙(PRI: Principles for Responsible Investment)을 통해 ESG가 금융의 국제표준으로 지정된다. 2010년에는 국제표준협회(ISO)가 사회책임과 관련된 국제규범과 가이드라인을 총괄하고 각국 전문가들의 의견을 모아서 기업을 비롯한 모든 조직의 사회책임의 표준이 될 'ISO26000'을 발표했다.

뒤이어 2015년 유엔은 지속가능발전목표인 유엔 SDGs(Sustainable Development Goals)를 발표하면서 2030년까지 17개 영역에서 인류가 함께 달성해야 할 169개 세부 목표를 구체적으로 제시했다. 세계경제포럼도 지속가능경영을 위한 기업형 지표를 내놓았다. 여기에 2019년 미국의 기업 대표 181명이 한자리에 모인 비즈니스라운드테이블(BRT)에서 "주주를 포함한 모든 이해관계자, 고객과 임직원, 정부, 시민단체, 지역사회 등을 위한 가치창출"을 기업의 목적으로 변경하는 이벤트가 더해졌다.

2020년에는 8천조 원 규모의 자산운용사인 블랙록(Blackrock)의 래리 핑크(Larry Fink) 대표가 연례 서한을 통해 "2020년 중반부터 화석연료 관련 매출이 전체 매출의 25% 이상인 기업은 투자 대상에서 제외하겠다"고 선언했다. EGS는 한 차례 지나가는 유행이 아니라 이제는 피할 수 없는 생존조건이 된 셈이다.

경쟁을 앞두고 5주 교육

'파트너스데이'는 원래 비영리민간단체(NGO)와 기업 간의 매칭 프로그램이었다. 참여 기관이 사회공헌 프로그램을 제시하고, 참여 기업이 적절한 프로그램이라고 판단해서 매칭이 성사되면, 서로 조율해서 해당 프로그램을 실행할 수 있게 된다. 지금은 단순히 민간단체를 넘어서서 사회적기업과 소셜벤처는 물론 스타트업에 이르기까지 사회문제를 해결하고자 하는 다양한 기관이 참여하는 행사로 성장했다. 공모전 형식으로 엄격한 예심을 거쳐 본선 경쟁이 이뤄진다.

지금은 코로나19로 인해 비대면 행사로 전환되었다. 참가자가 행사 당일 랜선 네트워킹 홈페이지를 열어서 궁금한 점이 있으면 즉석에서 바로 발표자에게 다이렉트 메시지(direct message)를 보낼 수 있도록 했다.

더 큰 고민은 공모전을 어떻게 진행하면 참여 기관의 역량향상으로 이어질 수 있을까 하는 점이었다. 2020년부터는 참가자의 사업제안서를 개선해볼 요량으로 일일이 전문가 컨설팅을 받도록 했다. 올해는 여기에 5주 교육을 보탰다.

공모전 참여 기관 80여 개 중에서 1차 심사를 거쳐 12팀을 뽑아 사회공헌에 대한 5주 교육을 추가했다. 여기에 3팀당 멘토 1명을 선정해서 컨설팅을 받도록 지원했다. 코로나19로 인해 교육과 컨설팅이 모두 비대면으로 진행될 수밖에 없었다. 컨설팅 과정에서 3회로 한정된 멘토와의 만남 중에서 2회는 온라인으로 하되 희망자에 한해 대면 컨설팅이 가능하도록 주선했다. 발표를 준비하는 과정에서 실질적인 도움이 되었으면 했다.

참여 기관들은 경쟁 속에서 수상하지 못할 수도 있고, 기업과 매칭이 성사되지 않을 수도 있었다. 그럼에도 3개월의 준비과정을 거치면서 참여 기관들은 사회공헌 사업에 대해 더 자세히 알게 되었다고 피드백했다. 이후 사업제안팀 참가자 대상으로 한 만족도 조사에서도 좋은 결과가 나왔다.

비대면 교육이라는 특성 때문에 문제도 없지 않았다. 참여 기관의 담당자가 다른 업무를 병행하는 경우가 많다 보니 다른 업무를 하면서 교육을 받는다거나, 아예 영상을 끄고 듣기만 하는 경우도 있었다고 했다. 무료교육이라는 점도 집중력을 떨어뜨리는 요인이었다.

교육과정을 피드백하는 과정에서 강의가 너무 어렵고 재미없다는 불평이 들어왔다. 민간단체 교육프로그램 담당자의 평가여서 더욱 뼈저렸다. 반면, 새로운 내용을 많이 배웠고 자극을 많이 받았다는 반응도 있었다. 참여 기관의 관심사와 이해도 차이 때문이라고 짐작되었다.

교육 마지막 일정에는 반전이 있었다. 조별로 묶어서 회사소개를 겸한 자유로운 대화 시간을 가졌는데 반응이 뜨거웠다. 공모전 경쟁자이면서도 조별토론에서는 협업을 모색했다. 버려지는 쌀겨로 만든 마스크팩을 개발한 청년팀은 전문 온라인숍을 운영하는 제로웨이스트숍과의 협업을 모색했다. 사회적기업에서 생산한 물품을 판매하는 라이브커머스홈쇼핑은 장애나 몸이 불편한 사람들을 위한 운동처방 앱을 개발 중인 연구소팀에 효과적인 홍보 방법을 제안하기도 했다. 경쟁한다는 분위기는 찾아볼 수 없었다.

동굴 속에서 다시 본 햇빛

인생은 길고 일자리는 짧다. 100세 인생이라는데 60세면 퇴직한다. 아직 팔팔한 퇴직자들이 넘쳐난다. 사회공헌센터가 지난해부터 추진해온 '기업퇴직자 사회공헌 뉴스타트 프로그램'은 기업퇴직자나 퇴직예정자들이 재취업교육과 현장실습을 통해 사회서비스 분야 일자리로 새롭게 취업할 수 있도록 지원하는 제도다. 경험이 많은 퇴직자들이 사회복지 혹은 사회서비스 분야에서 제2의 인생을 계획할 수 있도록 길을 열어주는 프로그램이다.

기업퇴직자를 모집해서 4주 교육을 통해 기존 물을 빼내고 새로운 물을 수용할 준비를 갖추게 한 후 사회서비스 분야의 일자리와 연결해준다. 핵심역량과 마인드교육, 사회서비스 일자리 이해, 조직융화 마인드 강화 등의 강의에 더하여 모의면접과 현장실습으로 준비를 갖춘다.

사회공헌센터는 현재 20개 사회서비스 기관과 업무협약을 맺고 현장실습을 제공하고 있다. 간접체험을 통해 취업과 연결될 수 있도록 주선하고 있다. 1년 기간제 계약직이나 파트타임이 대부분이지만 드물게 정규직도 있다. 일이 있을 때만 일하는 일당제도 연결된다. 시범사업 첫해에 180명을 모집해 159명이 수료했고, 103명이 다양한 형태의 일자리와 성공적으로 연결됐다. 2021년에는 일자리 연계가 203명으로 늘었다.

대학에서 컴퓨터 강의를 했던 김정희 씨는 이 프로그램을 통해 환경 강사로 변신했다. 폐지를 수집하는 사람들을 돕기 위해 폐지를 시세의 6배 가격으로 매입해 재활용하는 러블리페이퍼에 입사해 교육 분야를 맡게 되었다. "조기 퇴직 후 동굴 속에 있다가 다시 햇빛을 보게 된 느낌"이라는 재취업 소감을 남겼다.

33년 동안 대한적십자사에서 근무했던 최영운 씨는 4주 프로그램을 마치고 주택관리업체인 홈체크에 입사한 후 "새로운 일자리로 존재감을 되찾았다"고 말했다.

사회공헌센터는 이 프로그램의 활성화방안을 모색한 끝에 17개의 적합직종을 발굴했다. 올해는 창업 창직 모델 개발 연구를 기반으로 'ESG 경영컨설턴트 양성 과정'을 운영할 계획이다.

대기업 퇴직자의 경험과 지식을 살려내서 사회서비스 분야로 길을 터주면 늘어나는 사회서비스 수요를 감당하는 데도 도움이 될 것이라는 막연했던 구상이 시범사업을 거쳐 진화를 거듭하고 있는 셈이다. 현재는 퇴직자를 배출하는 기업의 지원 없이 정부예산으로 추진 중이지만, 앞으로 성과를 바탕으로 기업과도 연계할 계획이다.

퇴직자 교육을 지원하는 기업의 인사 부서와 사회공헌 부서가 모두 프로그램 내용에는 공감하지만 선뜻 참여하지 못하는 것은 교육비와 사회공헌 항목 양쪽에 걸쳐 있는 프로그램의 성격 때문이다.

일자리 프로그램을 추진하던 사회공헌센터에 기대하지 않았던 장관표창 수상 소식이 날아들었다. 인구정책과 추천으로 수상한 것이 밝혀져 놀라움을 더했다. 정부가 일자리 창출 소식에 목말라서 빚어진 상황이라고 보고 있다. 사회공헌센터는 현대자동차 등 대기업에서 시행중인 중장년 일자리 프로그램과 연계하는 방안도 모색 중이다. 이처럼 다양한 방향으로 진화하고 있다.

순회포럼은 사회공헌 마중물

지역네트워킹사업은 순회포럼으로 지역협의회를 일깨우기 위한 프로그램이다. 인원과 예산이 부족한 지역 협의회에 중앙 협의회가 실행 중인 사회공헌 프로그램을 심어주고 활성화하기 위한 행사다.

기업 관계자와 해당 지자체 공무원들까지 참여하게 해서 지역사회의 이슈를 발굴하고 지역 단위의 협력사업을 모색할 기회를 만들어준다는 점에서 파트너스데이의 지역확산 버전이라고 할 수 있다. 2017년 서울, 인천, 부산, 2018년 대구, 울산, 제주, 2019년 전북, 충남, 강원 지역에서 순회포럼을 가졌다.

제주포럼에서는 카카오와 삼다수를 생산하는 제주개발공사 등이 참석해서 파트너십을 강화하는 계기가 되었고, 대구포럼에서는 대구은행이 적극적으로 나서서 기업 관계자들의 참여가 왕성했다.

원주시 사회복지협의회는 사회공헌센터와 적극적으로 협업하고, 동시에 10여 개 공기업의 활발한 참여 덕분에 노숙인들을 위한 스마트팜 사업과 도시농부아카데미사업을 개발했다. 전문가 파견과 지원을 배경으로 새싹보리를 키워서 분말로 가공해 판매하는 과정을 성공적으로 이끌어 민관협력 우수사례로 발표되기도 했다.

노숙인 스마트팜 사업은 당초 지지부진했는데, 건강보험심사평가원이 예산지원을 하면서 급물살을 탔다. 원주시청도 행정적인 지원을 주저하지 않았다. 컨테이너를 설치할 부지는 노숙인지원센터 이상길 원장의 개인소유 땅으로 정했다. 눈이 쏟아지는 가운데 '원주 도시농부아카데미' 착공식 행사를 열었다. 참여하는 노숙인이 이곳에서 일하고 결과물을 팔아서 수익을 내면 돈을 가져갈 수 있도록 했다. 노숙인이 정상적인 사회인으로 복귀할 수 있도록 자립을 돕는 프로그램이었다.

컨테이너 안에서 새싹보리를 키우는 것은 생각보다 어려운 작업이었다. 원주농업기술센터가 나서서 기술지도를 해줬다. 처음에는 양배추를 키울 계획이었으나 성장 속도가 느려서 포기했다. 새싹보리를 키워서 분말로 만들어 파는 사업은 우여곡절 끝에 3년 만에 겨우 결실을 볼 수 있었다. 여러 기관과 관계자들이 힘을 모은 전형적인 '협력의 힘'의 대표 사례가 됐다.

원주시 협의회는 순회포럼을 계기로 지역 파트너스 매칭데이 행사를 이어가면서 기업과의 협력을 강화해 분야별 사업추진에 탄력을 받고 있는 것으로 알려졌다. 지역 협의회로는 드물게 백서 발간 사업도 추진했다.

지역 협의회는 기업의 참여와 연계를 확보하는 데 어려움을 겪기 마련이다. 그래서 순회포럼에 지역 공무원을 심사위원으로 참여시켜 관심을 가지도록 유도하고, 홍보와 지역기업 참여를 독려할 수 있도록 하고 있다. 지역네트워킹사업은 중앙 협의회가 시행 중인 사업을 패키지로 지역에 이식하는 과정 중의 하나라고 할 수 있다. 순회포럼의 규모와 참여 범위가 갈수록 커지는 이유다.

테슬라식 사회공헌

전기자동차업체 테슬라는 이산화탄소 배출량을 줄이기 위해 탄생한 기업이다. 미국에서 발생하는 이산화탄소의 절반 이상이 교통수단과 전기생산 과정에서 생겨난다고 한다. 기존의 내연기관 차량을 전기차로 바꾸고, 전기생산 방식을 바꾸면 그만큼 이산화탄소 배출량을 줄일 수 있다고 본 셈이다.

테슬라는 2003년 창업해 2006년 로드스터 모델을 출시했다. 처음에는 전기차의 필요성에 대한 인식도 낮았고, 실용화에 대한 기대도 별로 없었던 것이 현실이었다. 현재는 550만 대가 넘는 테슬라 전기차가 주행 중이다. 주행 총거리가 100억 마일에 달하고, 400만 메트릭톤의 이산화탄소를 절감했다고 한다.

테슬라는 비즈니스모델 자체가 화석연료에 대한 의존도를 낮춰서 기후변화를 줄이고 지속가능성을 높이자는 것이다. 전기차 충전에 쓸 전기도 태양에너지로 생산한다. 전기차는 태양에너지와 배터리로 연결되는 에코시스템으로 에너지 사용량 자체를 줄일 뿐만 아니라 전기차 생산 이전에 재생 가능한 에너지를 활성화하는 데 초점이 맞춰져 있다. 재생에너지를 사용하기 위해 전기차의 성능을 개선하고 기능성과 안전성, 효율성이 기존 내연기관차를 능가하도록 밀어붙인 셈이다.

전 지구적으로 기후변화를 줄여서 공생하자는 취지는 전기차와 관련된 각종 특허를 공개해 누구나 전기차 생산에 참여할 수 있도록 길을 열어두었다는 점에서도 명확해진다. 테슬라의 충전시스템도 친환경적이다. 슈퍼충전 네트워크는 시간당 595기가와트가 넘는 전력을 생산한다. 이는 그에 상당한 석유 소비를 줄이는 것임과 동시에 전기생산 과정에서 사용되는 엄청난 양의 물 소비도 줄여준다.

테슬라의 배터리 에너지저장시스템은 지역의 위기 상황 대처 능력을 향상시킨다. 에너지저장시스템은 전기 사용량이 급증하는 시기에 별도의 설비를 갖추지 않아도 안정적인 전기공급이 가능하도록 만들어준다.

테슬라는 내부적으로도 직원고용에서 인종과 나이, 성별에 상관없이 다양성과 포용성을 강조한다. 친환경 실천을 위해 직원들에게 자전거를 제공하여 출퇴근하도록 하고, 셔틀버스도 운행한다. 전 세계 거래처와 파트너들에게 거래의 투명성을 지키고 일정한 기준을 통과한 재료만 공급하도록 의무화하고 있다.

그런 의미에서 테슬라는 생산하는 제품에서 공급망, 직원과 지역사회, 환경을 아우르는 전 과정에 걸쳐 사회적 책임에 부합하는 기업인 셈이다.

- 3개월 만에 "언니처럼 되고 싶어요."
- 사회복지 자원봉사는 10분 단위로
- 이미 봉사한 사람이 더 많이 봉사
- 자원봉사도 브랜드파워가 좌지우지
- 아동시설은 낡고 노인시설은 새 건물
- 포도 농사 지어서 장애인시설 건립
- 또 봉사하자
- 사람이 사람을 키운다
- 새로운 것을 시도하는 데 주저하지 말라

오래 기다릴 줄 알아야지

3개월 만에 "언니처럼 되고 싶어요"

멀쩡한 집의 평범한 아이였다. 멘토링을 하면서 무슨 얘기를 해줘도 아무런 대꾸도 하지 않았다. 무슨 질문을 해도 대답하지 않았다. 멘토는 그래도 포기하지 않고 아이를 만나면 "영희야, 안녕?" 하고 반갑게 인사를 나누고 얘기를 들려줬다. 응답이 없어도 문자를 보내고, 만나면 반갑게 맞이해서 꾸준히 대화를 시도했다. 그렇게 계속 시간이 지났다. 3개월 만에 아이가 처음으로 인사했다. 그러면서 아이는 대뜸 "언니처럼 되고 싶어요"라고 말했다. 반갑고 고마운 일이었다. 멘토링은 대부분 아이들이 대상자다. 아이의 변화된 모습을 보는 것이 멘토의 보람이다. 변화된 모습을 보기 위해서는 힘들고 갑갑하더라도 오래 기다릴 줄 알아야 한다.

멘토링은 당초 방과 후 교실 형태로 진행되었다. 학교 수업이 끝난 후 밖에서 방황하는 아이들을 대학생들이 지역 복지관에 모아놓고 공부를 가르치는 학습멘토링이 시작이었다. 멘토링인지도 모르고 그렇게 하고 있었다. 부모나 선생님이 가르쳐도 말을 안 듣던 아이들이 형들이 시키면 고분고분해진다는 점에 착안했다.

보건복지부가 나서서 미국에 현지답사를 다녀오고 3개 기관이 모여 TF팀을 꾸렸다. 결국 협의회가 이 일을 맡게 되었다. 10여 년 전 일이다. 처음에는 자원봉사와 사업 성격이 비슷해서 혼돈이 있었다. 멘토링은 무보수와 무대가성이라는 점에서 자원봉사와 같지만, 대상자의 변화를 전제로 한 것이 달랐다. 코디네이터를 담당자로 두고 멘토와 멘티를 꾸준히 관리해야 했다. 무엇보다 변화되기를 기다리는 것이 중요했다. 중도에 포기하지 않도록 보살피고 꾸준히 동기를 부여해서 일대일 멘토링이 지속될 수 있도록 지원하는 것이 핵심이다. 멘토링의 이런 특성을 감안해 자원봉사와 분리해서 멘토링사업단이 별도 부서로 독립했다.

보육원에서 퇴소하는 18세 청년들을 위한 다양한 프로그램도 운영된다. 일방적으로 받기만 하던 예민한 퇴소자들에게 혼자 살아가는 방법을 가르쳐주는 효과적인 방법은 멘토링밖에 없다. 이 경우에는 스스로 하게끔 옆에서 도와주는 멘토링이 제격이다.

사회복지 자원봉사는 10분 단위로

현대적 의미의 자원봉사 활동은 교회와 사회단체 중심으로 꾸준히 진화했다. 1903년 설립된 YMCA, 1921년 설립된 태화복지관, 1934년 설립된 애란원 등이 대표적이다. 해방 후에는 농촌계몽운동과 야학, 농촌봉사활동 등의 형태로 민간차원의 자원봉사 활동이 활발했다. 1950년대 사회복지 현장은 한국전쟁 기간 중 부산 피난 시절에 전쟁고아들을 돌보는 일이 대표적이었다. 1978년 9월 협의회가 '자원봉사안내소'를 설립한 것을 계기로 자원봉사를 공식화하고 관련 교육을 실시했다. 1988년 서울올림픽은 자원봉사 영역을 다른 분야로 확산시키는 결정적인 계기가 되었다. 자원봉사에 대한 체계적인 관리가 시작된 것은 2001년 사회복지자원봉사 인증사업부터다. 이전에는 봉사활동이 끝나면 확인서를 발급해주는 정도였다. 공식적으로 인증서를 발급해주고 자원봉사 내역을 데이터베이스로 관리하기 시작한 셈이다.

제도 시행을 앞두고 열린 현장 공청회에서는 논란이 없지 않았다.

명예감을 주고 체계적인 관리를 위해 출범한 인증제가 순수성과 자발성을 생명으로 하는 자원봉사의 취지를 무너뜨린다는 불만의 목소리가 터져나왔다. 2001년 11월 출범한 국내 첫 인증제에는 17만 명이 이름을 올렸다.

사회복지 자원봉사자는 사람을 상대로 하는 만큼 자존감과 명예를 중시하는 경향이 강하다. 전국자원봉사대회를 열어 포상하는 것 외에도 나름대로 보상체계를 갖출 필요성이 절실했다. 자원봉사 기간 중 봉사자의 안전을 보장하기 위해 상해보험을 개발해 제공했다. 즐거움을 주기 위해 영화나 연극, 연주회 등에 초청하고, 지속적인 선순환 구조를 만드는 노력을 기울였다.

단순히 사업으로만 끝내지 말고 기록을 남겨야 한다는 차원에서 통계작성 작업을 추진했다. 2002년 처음으로 「자원봉사통계」를 발간했고, 통계청이 인정하는 국가승인 통계자료로 「사회복지 자원봉사 통계연보」를 매년 발간하고 있다.

인터넷을 중심으로 운영되는 플랫폼인 VMS(사회복지자원봉사인증시스템)를 구축한 것도 2001년 당시에는 획기적이었다. 이름이 길면 안 된다는 전제 아래 세 글자 이내로 정하기로 하고 갑론을박 끝에 'VMS(Volunteer Management System)'로 결정했다. 도메인(vms.or.kr)에도 그대로 적용됐다. 후에 생겨난 행정안전부의 1365포털과도 상호협력을 강화하기 위해 연계했다.

VMS에 등록된 자원봉사자가 2021년 말 현재 890만 명이다. 1365포털에 등록된 1,300만 명은 상당수가 VMS와 중복된다. VMS는 1인 1계정만 허용해서 신뢰성을 담보하고 실적을 누적 관리하는 데 비해, 1365는 한 사람이 여러 계정으로 활동할 수 있다는 차이점이 있다.

VMS를 처음 구축하던 2001년 당시만 해도 협의회 정보화 예산 중 가장 큰 비중을 차지했다. 자원봉사 인증제를 둘러싸고 논란이 많았는데, 특히 봉사시간 단위를 어떻게 할 것인가 하는 문제가 논란이 되었다. 1분 단위로 하자는 의견부터 10분 단위, 15분 단위, 30분 단위, 1시간 단위 등 논란이 이어졌지만, 신뢰성과 명확성을 고려했을 때 10분 단위가 적정하다는 결론이 내려졌다. 지금도 봉사시간은 10분 단위로 실적관리가 이뤄진다.

현재 자원봉사사업단을 맡고 있는 T 단장은 당초 삼성복지재단 전산실에 근무하면서 PC기반 자원봉사전산망(VTnet, Volunteer Network)을 관리하다가 삼성 측이 시스템 자체를 협의회에 기증한 것을 계기로 협의회로 자리를 옮겼다. 사무실에서 밑그림만 그리기보다는 현장에서 직접적인 도움을 줄 수 있을 것으로 여기고 협의회행을 자원했단다.

전자공학을 전공한 T 단장은 1998년 협의회로 옮겨오자마자 첫 일감으로 협의회 홈페이지인 복지넷(bokji.net)을 구성하는 작업에 돌입했다. 지금은 매일 2만 명 정도가 이 사이트에 접속한다. 접속량이 많은 가장 큰 원인은 일자리 메뉴를 운영한다는 점이다. 사회복지 관련 구인 · 구직 정보 등 일자리 정보를 통합처리하고 있기 때문이다.

또 다른 원인은 2018년부터 시행 중인 문화나눔 이벤트다. 사회복지 자원봉사자들에 대한 보상 차원에서 시작한 공연 초청 행사는 예산으로 집행할 수 없기 때문에 주로 기업후원에 의존해왔다. VMS에서 자원봉사 현장인력을 중심으로 연극이나 연주회, 영화시사회에 초청한다. 봉사활동의 자발성과 무보수 원칙을 지키면서도 참여동기를 유발할 수 있어서 호응을 얻었다. 이후 문화콘텐츠도 나눔의 대상이라는 인식이 커지면서 문화나눔 행사로 전환되었다. 문화나눔이 취약계층도 참여하는 나눔 행사로 자리 잡으면서 VMS에서 복지넷으로 옮겨온 셈이다. 이제 사람들이 사회복지협의회는 몰라도 복지넷은 알 수밖에 없다는 말이 나올 정도다.

초기 VMS와 복지넷 구축에 기여했던 T 단장은 나중에 '나눔혁신사업단'으로 이름을 바꾼 나눔기획실로 옮겨 2년 정도 근무하다가 대외협력실에서 홍보업무 담당으로 잠시 머문 이후 다시 자원봉사사업단으로 돌아왔다. 다른 부서에 근무할 때도 문제만 생기면 VMS와 복지넷 관리업무를 해야 할 정도로 2개 시스템은 T 단장과 떼려야 뗄 수 없는 관계였다.

자원봉사는 누군가를 위해 일한다는 점에서 보람을 느낄 기회가 될 수 있다. T 단장은 복지넷 문화나눔 행사에 참석했다가 목격한 장면을 들려주었다. 후원받은 티켓을 대상자들에게 나눠주는 일은 협의회 사람들이 현장에 나가서 직접 해야 한다. 장애인단체에서 공연을 보러 왔는데, 담당자도 소아마비 장애인이었다. 불편한 몸으로 다소 느리고 힘에 겹기는 했지만, 다른 장애인을 도와서 휠체어를 밀고 차근차근 차례대로 공연장으로 데리고 들어가는 모습이 감동적이었다. 며칠 후 그분이 고맙다고 인사차 전화를 해왔다. 같이 공연을 본 장애인들의 고마운 마음을 전하고 싶어 했던 그분은 누구누구는 처음으로 공연을 봤고, 누구는 소감이 어떠했노라고 자세히 설명했다. T 단장은 요즘도 그분에게서 안부 전화를 받곤 한다.

이미 봉사한 사람이 더 많이 봉사

"일하다 보면 관계가 생기고 벽이 허물어진다는 느낌이 들어요."

정리가 안 된 집안의 물건을 치우고 청소를 해주는 '신박한정리' 자원봉사단은 경기도 고양시 덕양행신종합사회복지관 소속 자원봉사자들이다. 형식에 얽매이지 않는 진정한 봉사활동을 경험했다는 김형복 씨는 원래 정리수납 전문강사였다. 복지관에 자원봉사자들에게 정리수납 교육을 하러 왔다가 자신도 봉사활동에 참여하기로 했다. 7명 한 팀이 되어 행신3동 주민센터에서 방문 요청한 집에 정리청소를 하러 나갔다. 특별한 일이 아니고 누군가는 해야 할 일을 하는 것으로 생각하고, 이런 활동이 선순환으로 이어질 것이라는 믿음을 가지고 활동한다고 했다. 돈이 드는 것도 아니고 몸을 움직여서 약간의 재능으로 할 수 있는 일인 데 비해 얻어가는 것이 훨씬 많아서 행복하다고 했다.

신박한정리 자원봉사단 활동을 찍은 영상은 2021년 자원봉사 공모전에서 영상 부문 최우수상을 받았다. 자원봉사사업단에서 공모전과 만족도 조사를 담당하고 있는 A 주임은 공모전 평가 기준이 대중성과 친화성, 영상미, 홍보 활용성 등이라고 밝혔다.

약속을 못 지키게 된 선배의 간절한 부탁으로 절단 장애인 모임에 자원봉사자로 대신 나갔던 김○○ 씨는 한쪽 다리를 잃은 낯선 남자를 거들어줘야 했다. 그것도 그와 함께 울릉도 성인봉 등산과 독도 방문 일정을 소화해야 하는 여행프로그램이었다. 성인봉을 오르는 과정에서 그는 땀에 젖은 의족을 수십 번이나 갈아 끼워야 했다. 그 일은 그가 매일 반복해야 하는 일이기도 했다. 그가 기댈 수 있는 어깨를 내주면서 성인봉 정상에 오르고, 일행과 함께 저녁을 먹고, 그렇게 가까워지면서 서로 얘기를 나누게 되었다.

오가면서 그는 많은 사진을 찍었다. 그는 의족 없이 지내는 집안에서는 앉은뱅이라는 말을 했다. 문턱을 넘는 것이 그렇게 어렵단다. 프리랜서 PD였던 김 씨는 그에게 "앞으로 계획이 있냐?"고 물었다. 난감한 표정을 지었다. "좋아하는 일을 해보면 어떠냐?"고 되물었다. 사진 찍는 일을 좋아하지 않느냐는 질문이었지만, 그는 자신 없다는 표정이었다. 독도 방문은 기상악화로 취소되었고, 서둘러 묵호항으로 되돌아오는 것으로 일정은 마무리되었다.

일상으로 돌아온 김 PD는 스튜디오를 하는 지인을 통해 사진교육원에 대해 알아보고 무상교육을 지원하는 곳을 찾아내 그에게 연락해서 정보를 공유했다. 그는 용기를 낸 끝에 1년간 사진교육원에서 교육을 받고 소규모 스튜디오에 인턴으로 자리를 잡았다. 교육원 졸업식에서 만난 그는 도와준 사람들을 한 사람씩 호명하면서 고마움을 전했다. 동료들에게 자신이 장애인이라는 사실을 잊지 않아줘서 고맙다고 말했다. 배려하고 도와준 것을 평생 잊지 않겠다고 다짐했다. 그렇게 그는 스튜디오에서 사진을 찍는 전문사진가가 되었다.

이 이야기는 2020년 자원봉사 이야기 부문 최우수상을 받은 '행복한 사진가'의 내용이다. 심사위원회는 시나리오작가와 영상전문가, 홍보전문가 등으로 구성된다. A 주임은 심사위원회를 구성해 공모작을 선정하는 과정을 지켜보면서, 자원봉사자들이 대상자들이 변화하고 기뻐하는 모습을 보면서 오히려 자신을 성찰하게 되고 스스로 성장하는 과정을 겪게 된다는 것을 느끼게 되었다.

A 주임은 자원봉사자 만족도 조사를 맡아 온라인 설문조사를 실시했다. 한 해 자원봉사 활동에 대한 만족도 조사는 기본적인 만족도 외에 어디를 통해 어떤 만족감을 느꼈는지, 자원봉사는 왜 하는지, 얼마나 활동했는지 등에 대해 설문한다. 활동을 많이 한 사람이 더 많이 자원봉사를 하는 것으로 나타났다. 5년 이상 자원봉사한 사람들의 참여율이 가장 높고, 연령대로는 20대가 가장 많았고 다음으로 10대 봉사자들이다.

A 주임은 육아휴직 직원의 업무를 대신하기 위한 계약직이다. 이전에 공공기관에서 5개월 인턴을 했고, 또 다른 의료복지 공공기관에서 계약직으로 근무했다. 요즘은 인턴도 경력이고 자리도 귀해서 '금인턴'이라는 말이 나돈다고 했다. 인턴 자리도 귀하고 그나마 도전해도 실패하기 십상이라고 했다.

사회공헌활동 기부은행은 돌봄봉사자가 돌봄이 필요한 만 65세 이상 어르신들에게 돌봄활동을 해주면 이를 돌봄포인트로 적립하고, 만 65세 이후 본인이나 가족 등 제3자가 돌봄활동으로 되돌려 받을 수 있는 제도다. 돌봄활동을 제공하고 나중에 돌려받을 수 있고, 또 돌봄봉사자가 제3자에게 기부할 수도 있다.

돌봄봉사자는 사회공헌활동 기부은행 홈페이지(care.vms.or.kr)나 가까운 수행기관에서 가입 신청할 수 있다. 만 13세 이상 개인으로 기초교육 4시간을 수료해야 돌봄봉사자로 활동할 수 있다. 돌봄활동은 말벗, 치매나 우울증 예방활동, 음식 조리와 식사 보조, 청소와 주변 정돈, 침구와 의복 세탁, 이 · 미용 관리, 전기와 가스 안전 확인, 형광등 교체, 주택 개보수, 복지프로그램 정보제공 등으로 다양하다. 돌봄활동 1시간 단위로 1돌봄포인트가 적립된다. 지역별 사회복지협의회와 노인복지관, 종합사회복지관 등 전국 50개 수행기관이 운영하고 있다.

사회공헌활동 기부은행을 담당하고 있는 R 과장은 입사 7년 차로 디딤씨앗지원사업단, 교육연수실을 거쳐 자원봉사사업단에 근무 중이다. 입사 후 근무 여건이 많이 변했다고 밝혔다. 직원 복지가 눈에 띄게 개선됨과 동시에 업무성과도 좋아지는 것을 지켜보면서 협의회가 날로 발전하는 기관임을 실제로 느끼고 있다고 말했다.

자원봉사도 브랜드파워가 좌지우지

"1365는 초등학교 때부터 접했는데, VMS는 중학생이 되어서야 알게 되었다."

C 차장이 2년여 전 표적집단면접(FGI) 현장에 나가서 학생에게서 들은 얘기다. 1365는 행정안전부가 운영하는 자원봉사 포털시스템으로, 1년 365일 봉사하겠다는 뜻을 담고 있다. 브랜드가 숫자로 구성된 데다가 간단해서 기억하기 좋다.

VMS(Volunteer Management System)는 사회복지협의회가 운영하는 봉사활동 인증관리 시스템이다. 발음도 어렵고, 얼핏 봐서는 무슨 뜻인지 알아보기 쉽지 않으며, 그나마 기억하기도 어렵다. 사회복지시설에서 자원봉사를 하고 봉사활동 시간을 인증받아서 포인트를 적립할 수 있다.

VMS는 출범 당시만 해도 봉사시간 관리시스템으로는 국내 최초였다. 행정안전부가 후에 「자원봉사진흥법」에 근거해 자원봉사센터를 운영하면서 1365시스템을 구축했다. 1365는 환경영역과 코로나19 방역 등으로 사업이 커지면서 네트워크가 강화되었다.

경쟁적인 관점에서 보면, 1365는 시 · 군 · 구에 근무 인원이 8명에 달하는 센터가 각각 설치되고 사업영역이 늘어나면서 짧은 기간에 전국조직을 갖췄다. 이 외에도 국립공원관리공단이 숲체험 해설가를 자원봉사로 운영하고, KOICA에서 운영하는 통역봉사자 등 9개 부처에서 전문성을 지닌 자원봉사 제도를 따로 이끌고 있다. 청소년활동진흥원도 청소년자원봉사시스템(DoVol)을 출범시켰다.

예산을 관장하는 기획재정부는 사업 중복성을 이유로 이런 다양한 자원봉사시스템을 통합할 것을 권유하는 중이다. 다소 경쟁적인 관계여서인지는 모르겠지만, 행정안전부가 작성한 위기대응 매뉴얼에서 사회복지협의회의 VMS가 빠져있다.

VMS는 사회복지라는 특수성이 반영되어 사회복지시설에서 이뤄지는 자원봉사를 대상으로 한다. '사회복지'라는 딱지가 붙어 있다 보니 대응력이 떨어져 다소 위축되는 분위기다. 1365가 지역 조직을 활용해 활발하게 선제적으로 다양한 프로그램을 운영하는 데 비해, VMS는 사회복지 분야에 한정된 탓으로 영역이 점점 줄어드는 경향이 없지 않다. 다만, 자원봉사 전문가 교육과 인증요원 양성을 통해 적통의 체면을 유지하고 있다. 1365가 각 지자체 센터별로 지역 특성을 활용해 영화관 할인이나 주차할인 등의 혜택을 주면서 시스템을 운영하는 바람에 VMS가 여전히 선택에서 소외되는 점도 없지 않다.

협의회는 장기적으로 자원봉사 업무의 통합 차원에서 행정안전부와 협력해 지방정부의 자원봉사센터 운영을 위탁방식으로 각 지역 협의회가 넘겨받는 문제를 추진 중이다. 또한 행안부의 지역공동체 활성화 방안과 맞물리는 지역복지공동체 구축사업의 일환으로 통합적인 스마트복지센터 사업을 추진 중이다.

아동시설은 낡고 노인시설은 새 건물

Y 차장은 시스템을 구축한 후 현장 점검을 하던 중에 남다른 경험을 하게 되었다. 사회복지시설 자원봉사는 난이도가 높고 힘들다. 중증장애인 생활시설에서 자원봉사를 하게 되면 움직이지도 못하고 말도 하지 못하는 사람에게 밥을 떠먹이고 배변을 도와주는 일을 해야 한다고 했다. Y 차장은 "현장에서 만난 자원봉사자들이 존경스럽더라"고 했다. 대부분 고등학교나 대학생 때부터 해오던 자원봉사를 계속하는 사람들이라고 했다.

수녀님들이 운영하는 호스피스 병동에서 만난 자원봉사자들은 특히 인상 깊었다. 진심을 다해서 돌보는 손길을 느낄 수 있었고, 강한 사명감이 없으면 할 수 없는 일을 해내는 사람들이라고 여겨졌다.

주말에 학생들과 같이 지역아동센터에서 과학 수업을 진행하는 선생님을 만난 적이 있었다. 어린 학생들이 접하기 어려운 실험 수업을 해주면서 가르치는 선생님은 물론이고 봉사활동 나온 학생들이 오히려 크게 도움을 받는 일이 벌어졌다. 학생들은 봉사활동을 준비하고 진행하면서 학교 수업 때보다 실험내용을 더 잘 이해하게 되었다고 한다.

현장을 다니다 보니 아동시설이나 장애인돌봄시설은 의외로 시설이 낡고 열악한 경우가 많았다. 반면에 노인복지관은 대부분 새로 지었거나 시설이 깨끗하고, 심지어 값비싼 장비를 들여놓은 곳도 있었다. 곰곰이 생각한 연후에야 노인들은 선거권이 있어서 투표하지만, 아동이나 장애인은 투표하지 않는다는 점을 깨달았다. 표를 얻으려고 선거를 치를 때마다 예산을 배정해서 노인시설을 새로 지어주고 시설을 개선해온 결과가 그렇게 나타난 셈이다. 반면에 아동시설이나 장애인시설은 후원자를 발굴하기도 어렵고, 예산을 받아내기는 더 어려운 상황으로 내몰린다. 투표하고 선거를 치르는 정치 현상으로 인한 왜곡이 복지현장에도 그대로 반영된 모습이라 씁쓸하지 않을 수 없었다.

현장 지도점검은 후에 '모니터링'으로 명칭이 변경됐다. 지금은 현장에서 고생하는 활동가들을 칭찬해주고, 행정적인 절차를 바로잡아주고, 미흡한 부분을 채워주는 역할을 한다.

Y 차장은 2007년 협의회에 입사할 때 경력직 웹디자이너로 들어왔다. 시각디자인을 전공했기 때문에 전 직장인 대기업 계열사에서도 홈페이지를 디자인하고 관리하는 일을 맡았다. 6년을 근무하던 직장을 떠나 협의회로 옮긴 것은 결혼해도 다닐 수 있는 직장일 것이라는 단순한 이유 때문이었다. 협의회가 편하고 느슨한 직장이려니 여기고 옮겨온 셈이다.

처음에는 사업부서의 웹디자이너로 근무할 수 있었다. 업무영역이 전산 업무로 전환되면서 경영지원실에서 개인정보관리와 시스템관리 총괄업무를 맡았다. 당시 개인정보관리 기관평가에서 높은 점수를 받으면서 담당자로서 장관 표창을 받기도 했다.

웹디자이너 출신이면서도 시스템구축이나 관리업무를 맡게 되었다. 시스템 분야에 대한 공부를 새로 하면서 일 처리를 병행하는 어려움을 겪기도 했다. 줄곧 전산 분야를 전전하다가 2018년 VMS시스템 관리를 마지막으로 전산 분야를 벗어나 교육연수실로 자리를 옮겼다.

포도 농사 지어서 장애인시설 건립

사회복지의 날은 법정기념일이다. 외환위기가 닥쳤던 1999년 국민기초생활보장제도가 시행된 것을 계기로 2000년 9월 7일부터 기념일을 지켜왔다. 국민의 사회복지사업에 대한 이해를 증진하고 사회복지사업 종사자의 활동을 장려하기 위해 매년 9월 7일을 사회복지의 날로 하고, 사회복지의 날부터 1주간을 사회복지주간으로 한다고 규정되어 있다.

코로나19 탓에 2021년 제22회 사회복지의 날은 세종청사 대강당에서 제한된 인원이 참석한 가운데 치러졌다. 제32회 전국사회복지대회를 겸한 이날 행사에서는 사회복지 유공자 233명에 대해 국민훈장, 국민포장, 대통령 표창 등 정부포상이 수여됐다.

최중증 장애인을 헌신적으로 돌본 공로로 사회복지법인 예맥재단 이연순 대표이사에게 국민훈장 동백장이 수여됐다. 이 대표는 천안에서 포도 농사와 수필집 출간으로 돈을 모으고 지역주민을 설득한 끝에

2004년 장애인시설 '등대의 집'을 설립해 최중증 장애인을 지원했다.

지역사회에서 34년간 청소년 장학금을 전달해온 공로로 군산사회복지장학회 김기봉 이사장이 국민훈장 목련장을 받았다. 김 이사장은 개인 사업을 하여 벌어들인 돈으로 1987년부터 소외시설 아동과 장애인을 돕거나 장학금을 지원하기 시작했고, 1994년 마침내 군산사회복지장학회를 설립해서 지속적으로 장학금을 지원하고 독거노인 등 지역 소외계층에 후원물품을 전달해왔다.

정신요양시설 천봉산요양원 이승부 원장, 신림종합사회복지관 최성숙 관장에게 국민포장, 소화아람일터 김행란 대표, 농협중앙회 등 7명에게 대통령 표창, 상리종합사회복지관 김영신 관장, 귀일민들레집 이덕심 원장 등 5명에게 국무총리 표창, 목령종합사회복지관 온정희 부장 등 194명에게 복지부 장관 표창이 수여됐다.

사회복지대상은 상지대 사회복지학과 송정부 명예교수가 수상했고, 우봉봉사상은 청암복지재단 이성희 이사장에게 돌아갔다. 이날 행사는 한국사회복지협의회 유튜브 '나눔채널 공감'을 통해 온라인으로 생중계됐다. 부대행사로 '차세대 한국형 e-Welfare, 방향과 전략'이라는 주제의 학술토론회가 열렸다.

예맥재단 이연순 대표는 수상소감에서 우연히 딸을 따라 봉사활동을 나갔다가 장애아동의 곤궁한 처지를 처음 접했고, 이를 계기로 장애인을 위해 스스로 불태우는 등대가 되리라고 다짐하고 '등대의 집'을 세우게 되었다고 했다. 당시 건축을 반대하는 주민들을 설득해야 했고, 공동으로 사용해야 하는 하수구를 연결하지 못해서 남의 밭으로 오물을 쏟아내야 했던 어려움을 겪었다고 털어놓았다. 이 대표는 고비마다 "장애인의 엄마가 되어달라"는 아들딸의 응원에 의지하여 여기까지 왔다면서 눈물을 훔쳤다. '엄마'라고 불러주는 아이들의 초롱초롱하고 맑은 눈빛에 마음을 기대어, 이름도 없이 빛도 없이 봉사하는 후원자들의 도움에 얹혀서 지금까지 힘든 하루하루를 견뎌냈다고 했다. 특히, 지난 봄에 세상을 떠난 20년 동지인 예맥재단 정재구 운영위원장에게 각별한 고마움을 전했다.

또 봉사하자

우봉봉사상은 협의회 주관으로 500만 원의 상금이 주어진다. 사회복지법인 나자레원 설립자였던 고 김용성 이사장이 1993년 삼성재단 호암상을 수상하면서 받은 상금 5천만 원을 전액 협의회에 기탁하면서 시작되었다. "또 봉사하자"라는 뜻으로 또 우(又) 자를 써서 '우봉(又奉)봉사상'으로 이름 붙였다. 나자레원은 해방 후 일본에서 한국인 남편을 따라 귀국한 일본 여성 중에서 남편이 죽고 어려운 처지에 놓인 미망인들을 도와주는 시설로 출발했다.

고 김용성 이사장은 1918년 함경북도 웅기에서 출생했다. 네 살 때 모친을 여의고 누님과 아버지를 찾아 만주를 유랑하다가 13세 때 백부를 찾아 함경북도 안변으로 돌아왔으나 만나지 못하고, 19세 때 비로소 독립운동을 하던 부친이 청진감옥에서 옥사했다는 소식을 듣게 된다. 만주화학원에서 학업을 마치고는 어린 시절 겪었던 어려움을 잊지 않고 고아와 노인을 돌보기 시작했고, 해방 후 1947년 마침내 함경북도

회령읍 오산리에 민제양로원을 창설했다. 회령보육원을 인수하여 운영하던 중에 재산을 몰수당하고 옥살이를 겪었다. 1950년 전쟁 중에 월남하여 영덕군 강구에 정착했다.

1952년 경주로 이주하여 피난민 8천여 명의 회장으로 선출되면서 구호 활동을 계속했고, 유랑걸식하는 노인들을 위해 새롭게 민제양로원을 건립했다. 거지처럼 유랑하는 아이들을 가르치는 자유학숙을 열어 1959년까지 560명을 졸업시켰다. 1953년에는 하천부지에 천막을 치고 걸식하는 나환자들을 모아 성락원을 세웠는데, 지금은 월성군에 나환자 집단부락인 희망원으로 남아있다. 1956년에는 경주 서부동 69번지에 경주모자원을 열고 미국 선교단체의 도움으로 전쟁으로 남편을 잃은 미망인과 자녀들을 보살폈다. 1957년에는 전국양로협회를 만들어 상무이사와 회장을 역임했다. 이 외에도 경주 북부동에 재단법인 자선원과 황남동에 성애원 등을 열어 부모 없는 아이들을 거두었다. 김 이사장은 또 사회복지연구원을 설립해 세미나를 열고 관련법 제정을 건의하는 등 사회복지 정책활동을 이어갔다.

나자레원재단은 1972년 설립됐다. 일제강점기에 징용이나 취업을 위해 일본으로 건너갔던 한국 청년들이 현지에서 일본 여성들과 결혼하여 해방 후 함께 돌아오게 되었지만, 전쟁 중에 전사하거나 갑자기 사망하여 미망인이 된 경우가 많았다. 또 전처나 문중의 반대로 홀로 된 경우도 부지기수였다. 이들은 국적 문제가 해결되지 않은 상태에서 고초와 멸시를 당하고 있었다. 이들 일본계 여성들과 자녀들을 돕기 위해 일본 이바라키현 사회사업가인 기쿠치 마사이치 목사와 협력하여 나자레원을 설립했다. 서류재판을 도와서 143명은 본인이 원하는 대로 일본으로 돌아갔고, 28명은 나자레원에 입소했다. 추가로 전국 각처에

흩어져 있는 일본 할머니 96명을 찾아내 매달 생활보조금을 보내주기도 했다.

돌볼 사람이 없는 아이들을 위해 경주시 정내동에 무료탁아소를 설립해 운영을 시작한 것이 1975년이었다. 1984년까지 420명의 아이를 돌봤다. 1977년에는 한일 사회복지교류연합회장을 맡으면서 이후 17회에 걸쳐 일본의 사회사업가들을 초청하여 세미나를 개최하고, 국내 사회사업가들과 12회에 걸쳐 일본을 방문했다. 이후 고 김용성 이사장은 서울 동대문구 이문동 사회복지법인 성애원의 이사장을 맡기도 하고, 전국노인복지시설협회 회장 자리에 다시 추대되기도 했다. 현재는 우봉복지재단 산하에 나자레원과 노인요양시설인 명화의 집, 은화의 집, 민제의 집 등이 있고, 아동양육시설인 성애원 등이 있다.

1991년에는 자신이 어린 시절 유랑했던 만주 하얼빈시에 400평 규모의 조선족 양로원을 건립했고, 1996년에는 연변자치주 연길시에 조선족 고아원을 설립하기도 했다. 불우한 이웃들을 위해 평생 헌신한 김 이사장은 2003년 85세로 별세했다.

2020년 우봉봉사상은 성지복지재단 이무승 대표에게 돌아갔다. 이 대표는 30여 년의 지방행정 공무원 경험을 바탕으로 장애인과 노인복지시설을 설치 · 운영하며 소외되고 어려운 이웃의 권익증진에 힘썼고, 다양한 복지 관련 단체에서 중책을 맡아 사회복지시설의 건전성과 전문성을 높이는 데 공을 세웠다.

사람이 사람을 키운다

나눔혁신사업단의 N 차장은 2008년 인턴 1기로 협의회에 발을 들여놓았다. 처음 배치받은 부서가 2007년에 새로 생긴 사회공헌정보센터였다. 곽대석 소장은 매일 아침 8시 반이면 직원들을 모아두고, 직장 일이 아닌 일반적인 시사 이슈에 관한 질문을 던졌다. 젊은 직원들이 하는 얘기도 귀담아듣는 모습이었다.

막내였던 N 차장은 그럴 때마다 건설적인 대화를 준비해야 한다는 생각에 신문을 꼼꼼히 읽고 어떤 사건이나 문제를 보는 관점에 대해 고민하기 시작했다. 늘 그런 생각을 하다 보니 자신도 모르는 사이에 이슈의 흐름을 맥락이라는 차원에서 이해하는 안목이 생겼다.

CJ 출신이었던 곽 소장은 그 후 전남복지재단 대표로 자리를 옮겼다가 다시 CJ로 복귀해 사회공헌팀을 총괄했다. 당시 새로 시작하는 일들이 많았고, 일이 많다 보니 야근도 잦았다.

문화나눔사업을 맡으면서 예술의전당에서 표 나눠주는 일을 하기도 했다. 문화 소외계층인 저소득층 아동 · 청소년, 장애인에게 클래식과 연극, 뮤지컬 등의 공연을 보여주고, 예술의전당이나 세종문화회관 같은 우리나라 굴지의 문화시설을 체험할 수 있게 한다는 것 자체가 큰 의미가 있었다. 별도로 공연을 기획하기도 해서 한번은 사회복지사들을 위해 700석이 넘는 국립박물관 극장 '용'에서 연주회를 개최하기도 했다.

자원봉사사업단으로 자리를 옮겨서 지금은 멘토링사업부가 된 휴먼네트워크 신규사업을 시작할 때는 TF팀에 차출되어 무교동으로 출근했다. 2009년 당시 이명박 대통령이 8.15 경축사에서 "사람이 사람을 키운다"고 발언한 것을 계기로 사업이 시작되었다. 선진국에서는 민간 주도로 사람을 키운다는 사례가 알려지면서 당시 자원봉사 분야에 속했던 멘토링을 따로 분리해서 현황조사와 수행기관 교육을 진행했다. 한편으로는 멘토링 사업을 범국민 운동으로 확산시키기 위해 대한민국 휴먼대상을 제정하여 추진했다. 사회 지도층 인사를 중심으로 한 선도 멘토포럼이 결성되었고, 취약계층 아동 · 청소년과 연계하여 멘토링이 추진되었다. 당시 전재희 장관도 사회복지사가 꿈이라는 중학교 2학년 남학생과 멘토링을 진행했고, 오세훈 서울시장도 동국대 법학과 학생을 멘티로 맞아들였다. KBS는 당시 인기 아이돌그룹이던 슈퍼주니어 멤버를 MC로 기용해 휴먼네트워크에 관한 방송을 내보냈다.

자원봉사사업단에서는 복지부 신규사업인 1004 지역사회봉사단 사업을 맡아 전국 16개 시 · 도에 코디네이터를 파견하여 기술기능과 교육학습, 보건의료 등 전문자원봉사단을 조직하고 육성하는 사업을 진행했다.

좋은이웃들은 소외된 우리 이웃의 지킴이다. 우리 주변에 도움이 필요한 소외된 이웃을 찾아내어 지원하기 위해 지역주민을 중심으로 구성된 봉사단이다. 2021년 현재 전국 117개 지역에서 좋은이웃들 사업이 운영되고 있다. 민간이 지자체와 협력을 통해 복지 소외계층 상시 발굴 시스템을 구축하고, 동시에 지역사회 민간자원을 체계적으로 활용하여 소외된 이웃에 대한 지역사회의 관심을 높이고 복지 체감도를 높이겠다는 취지다.

좋은이웃들사업의 대상자는 기본적으로 기존 공적 지원체계로는 발굴이 어렵고 지원도 안 되는 소외계층을 찾아내 지원하자는 것이다. 일정한 주거지가 없는 비정형 거주자나 비수급자로 복지서비스가 꼭 필요한 사람을 대상으로 한다. 빈곤, 학대, 유기나 방임으로 인한 피학대자와 교육과 생활이 어려운 조손가정, 한부모가족, 다문화가족도 대상이다. 중증질환으로 의료비 부담이 큰 저소득 가정과 실질적으로 자녀와 단절되어 도움을 받지 못하는 독거노인도 대상이 될 수 있다.

좋은이웃들사업은 「사회복지사업법」 제33조 제1항 제3호에 사회복지 소외계층 발굴 및 민간사회복지자원과의 연계 · 협력 조항이 신설되면서 시작한 신규사업으로, 당시 차흥봉 회장이 적극적으로 추진한 지역복지공동체사업이었다. 전국 30개 시 · 군 · 구와 첫 사업을 시작으로 좋은이웃들 봉사단을 조직하고 사업운영체계를 만들기 위해 수행기관 교육, 사업운영 매뉴얼, 관리시스템을 만들었으며, 좋은이웃들 전국대회를 통해 지역중심의 복지공동체사업을 추진하는 일을 맡았다.

박근혜 정부가 들어서고 사회보장위원회를 신설하면서 복지부로 파견근무를 나갔다. 기초자료 조사작업부터 시작해 위원회를 구성하고 공무원들과 부대끼면서 5개월간 일했다. 위원회를 출범시키고 난 후에 다시 협의회로 돌아와 좋은이웃들사업을 계속했다. 좋은이웃들사업은 30개였던 지역 거점이 117개로 늘어났고, 예산도 6억 원에서 27억 원으로 늘어났다.

새로운 것을 시도하는 데 주저하지 말라

전략기획실로 옮긴 N 차장은 예산체계를 조정하는 일과 경영평가 업무를 맡았다. 경영평가 업무는 보건복지부가 산하 기관을 대상으로 경영평가를 시작하면서 갑자기 늘어난 업무였다. 경영평가에 대비해 중장기전략을 수립하고, 명확해진 경영목표를 중심으로 경영관리 프로세스를 재정비하는 작업을 추진했다. 2017년 A등급을 받고 2018년 B등급을 받은 후에 다시 2019년과 2020년에 연달아 A등급을 받았다. 2년 연속 A등급은 대단한 성과였다.

문재인 정부 출범 이후 안전관리체계 강화를 강조하는 가운데 열두 살 형과 여덟 살 동생이 집에서 라면을 끓여 먹다가 화재가 발생해 전신화상을 입은 인천 '라면형제 화재 사건'이 발생했다. 곧바로 협의회가 소방청, 건강보험공단과 함께 안전 사각지대 해소를 위한 협약을 체결하고, 소화기와 단독경보형 감지기, 구조 손수건 등으로 구성된 주택소방시설 세트를 구성해 지역아동센터를 통해 배포했다. 빌라, 다세대

주택 등 오래된 건물에 거주하는 저소득층 아동 · 청소년을 대상으로 2019년, 2020년 강원도와 세종시 5,500세대에 공급했고, 2021년에는 제주도를 포함한 도서지역에 2천 세트를 나눠줬다.

혁신적인 방식으로 사회문제를 해결하기 위해 협의회가 국민건강보험공단과 재단법인 한국사회투자와 사업공모를 통해 문제를 발굴하고, 해당 소셜벤처나 사회적기업, 협동조합을 지원하는 사회혁신조직 성장지원 스케일업 사업은 기존의 수혜적 복지와는 다른 생산적 복지에 해당한다. 창업한 지 7년 이하 사회혁신조직 6개를 선발하여 사전 경영진단을 통해 기업가치 고도화 컨설팅, 재무, 법률, 마케팅 등 맞춤형 멘토링, IR(investor relation)피칭 등 엑셀러레이팅 사업을 추진했다. 임팩트데모데이(Impact Demo Day)를 통해 선발된 2개 기관도 추가 지원했다.

N 차장은 서상목 회장을 '하늘을 바라보는 사람'이라고 표현했다. 새로운 관점에서 사회복지계를 바라보고, 기존의 관행과 구분되는 사회공헌과 혁신을 강조했다. 틈만 나면 "새로운 것을 시도하는 데 주저하지 말라"면서 방향을 제시해주고 직원들을 끊임없이 독려한다.

전임 차흥봉 회장은 현장 중심이어서 역점 사업인 좋은이웃들사업을 추진하면서 직접 지역 현장을 많이 다녔다. 일할 때도 담당 직원을 옆에 앉혀놓고 격려하고 일에 대해 일일이 코치해주곤 했다.

힘들어도 누군가는 해야 해

- 내년 인력 증원 2명
- 수강신청자는 2명
- 사회복지 종사자들의 힐링캠프
- 2시간 만에 1억 원 후원 결정
- 소방수는 이제 그만
- 행사 때마다 반복되는 긴장감
- 잘 따라줘서 일부러 그랬어
- 협의회는 사회복지계 종갓집
- 보건복지부 장관을 사회부총리로
- 찾아가는 복지 전달체계 만들겠다
- 멘토도 동반성장
- 편의점처럼 꾸민 영원마켓
- 고향사랑펀드로 풀뿌리 모금
- 직원 봉급 주는 것도 벅차
- 이타적 나눔 활동이 행복의 근원
- 푸드마켓에 향수도 있다
- 누구를 만나도 도움을 줄 수 있는 일
- 후원금 사용에 대한 오해
- 좋은 일 하시네요

내년 인력 증원 2명

전략기획실은 협의회의 미래 정책방향을 잡고 중장기 계획을 수립한다. 고유업무로는 경영평가를 담당하고 예산편성과 결산을 처리하지만, 현실적으로 가장 중요한 업무는 국회와 정부를 상대로 하는 대관업무다. 예산을 받아오고 관련 법령을 조정하는 일이 제일 중요하다.

외부에서는 민간단체라 정부예산으로부터 자유로울 것이라고 여기는 반면, 정부는 민간보조 예산을 키워줄 생각이 없어 보인다. 정부예산은 고유목적사업과 정부위탁사업으로 크게 양분된다. 고유목적사업으로 협의회 운영비 등 23억5천만 원, 나머지는 민간복지전달체계 예산 27억 원과 정부 나눔위탁사업 약 100억 원이다. 국고 150억 원과 일반 후원사업 등 550억 원을 합쳐 협의회 예산규모는 약 700억 원이다. 기획재정부는 협의회가 민간회원제로 운영되는 단체라는 점을 들어 고유사업에는 정부예산을 줄 수 없다는 입장이다. 그나마 매년 예산을 그대로 유지하기도 쉽지 않은 실정이다.

2022년 예산에는 국제사회복지협의회(ICSW)가 주관하는 세계사회복지대회 예산 1억5천만 원이 추가됐다. 정부 일자리정책과 맞아떨어지는 퇴직자를 위한 사회공헌 일자리 연계사업인 뉴스타트에 사업비 1억2,300만 원이 증액되었고, 사회공헌활동 기부은행사업이 50개소에 5개가 더해져 55개로 늘었다. 인원 편성(TO)에서도 2명이 추가됐다. 푸드뱅크 세종물류센터에서 일할 위생사 1명과 본부 행정인력 1명이 증원됐다.

협의회 운영예산은 나눔혁신사업단에서 운영하는 기업지정 기탁사업, 기업의 CSR(사회적책임경영)사업 협력에 따른 10% 미만의 운영경비와 사랑나눔사업단에서 기금의 15% 범위 내에서 사용하는 경비로 충당된다. 또 정책연구실의 수탁연구비와 사업단위로 지원이 이뤄지는, 고용노동부와 협업하는 연수사업 운영비도 일조한다. 이 밖에 사회복지회관 6층의 각종 회의실 대관과 1~3층 사무실 임대료도 수입원이다. 고유목적사업 예산과 일반후원사업 등 운영예산을 더하면 협의회 전체 1년 예산은 700억 원 정도다.

수강신청자는 2명

수요조사를 하면 필요하다고 해서 해당 과정을 개설해도 오는 사람이 없다. 교육연수 분야의 현실이다. 교육연수는 사회복지협의회 고유사업 중 하나다. 과거 사회복지사업은 전문성보다는 '마음'으로 했다. 지금은 종사자들이 대학원에서 사회복지를 전공한 고학력자들이 많다. 사회복지사업은 본질적으로 사람을 상대하는 어려운 분야다. 전문성이 필요한 만큼 교육훈련의 중요성이 점차 더해지는 중이다.

교육연수실은 수요조사를 통해 현장의 애로사항을 확인하고, 무슨 교육이 필요한지 알아내고 중장기 로드맵을 세워서 진행하고자 했다. 하지만 2명에 불과한 직원이 연간 2,800만 원 정도의 예산으로 모든 걸 감당해야 했다. 교육에 대한 전문성도 부족하고, 그나마 인원이 적어 결원이 생기면 대체인력으로 채워지다 보니 통상적인 업무 수행도 허겁지겁할 지경이었다.

현장의 전문인력인 사회복지사는 100만 명 시대에 들어섰고, 매년 10%씩 진행되어야 할 재교육 수요가 분명히 존재한다. 사회복지협의회 외에도 보건복지인력개발원과 사회복지사협회가 교육프로그램을 운영하고 있다. 이 때문에 협의회는 중복사업이라는 이유로 매년 관련 예산이 삭감되는 중이다.

예산 부족은 프로그램개발 부진으로 이어지고, 당장 시급한 일반적인 경영관리에 필요한 회계, 노무, 인사, 후원개발 과정운영에 급급한 형국이다. 전문적인 교육보다는 일반적인 강의만 개설하게 되는 셈이다.

실제로 수요조사를 하고 필요성도 인정되어 '사회혁신가 과정'을 개설했다. 수요조사 결과에 따라 분명히 필요하다고 나와서 50명 정원으로 과정을 개설했는데, 겨우 2명이 수강을 신청했다. 수요조사에 응답한 사람들에게 일일이 전화해서 사정을 물어보았더니 업무가 바빠서 도저히 참석할 수 없었다는 사람이 많아서 온라인교육으로 전환했다. 하지만 온라인 프로그램 신청자도 6명에 그쳤다. 결국 '사회혁신가 과정'은 폐쇄되었다. 새로운 시도는 그렇게 막을 내렸다.

사회복지 분야 종사자는 낮에는 주로 현장에서 일하고 일과 후에는 사무실에서 행정사무를 처리해야 하는 경우가 다반사다. 교육을 받기 위해 따로 시간을 내기 어려운 실정이다. 행사가 있으면 그나마 주말에도 현장을 벗어날 수 없는 경우가 많다. 이런 속사정을 모르고 외부에서는 협의회가 좀 더 전문적인 프로그램을 운영해야 하는 것 아니냐고 뒷말이 무성하다.

교육이 유료로 진행되는 것도 부담이다. 예산이 부족하다 보니 강의당 4~5만 원 정도의 강의료가 수강자 자부담으로 돌아간다. 강의 시간이 8시간 이상이면 수강료가 10~12만 원으로 올라간다. 필요한 교육이라도 교육비 부담 때문에 망설이는 경우가 없지 않을 터다.

교육연수실은 예산 부족을 벌충하기 위해 고용노동부에 제안해 연수교육사업에 대한 지원을 받고 있다. 또 온라인 민간교육기관과 협업을 통해 다양하고, 내용이 좋고, 인기가 높은 교육과정을 도입해 운영하고 있다.

협약을 맺은 한국사회인력개발원은 법정의무교육과정 7개 강의와 무료교육 4개 과목, 직무교육 19개 과정을 운영 중이다. 교육연수실은 또 고용노동부와 컨소시엄으로 2억9천만 원의 예산을 배정받아 30회에 걸쳐 765명을 교육했다. 2021년 시설 종사자 직무능력 향상을 위한 노무와 소통, 인사 관련 교육프로그램을 47회 운영해 5,172명이 이수했다. 사회복지 온라인교육연수원은 연간 8,020명을 교육했다.

사회복지 종사자들의 힐링캠프

교육연수실 M 실장은 1992년 나이 스물에 첫 직장인 협의회에 입사했다. 당시 협의회 직원 수는 통틀어 40명도 안 되었다. 여직원들은 대부분 고졸이었다. 대학을 졸업한 사회복지사들은 서로 '선생님'이라고 불렀다. 호칭이 달랐고, 이처럼 보이지 않는 차별이 존재했다. 입사 초기 사회복지 전문지식이 없었던 M 실장은 매우 힘들었다. M 실장은 책상에 까는 고무판 밑에 늘 사직서를 넣어놓고 일했다. 그러다가 마음을 고쳐먹고 대학을 졸업하고, 사회복지 전공으로 석사까지 받았다. 당시에는 졸업할 때까지만 다녀야지 했는데, 어느덧 세월이 흘러 협의회 사람이 되고 말았다. 그렇게 30년이 훌쩍 지나갔다.

서비스 현장부서를 다니다 보니 현장에서 만난 인연들이 생기고, 그 인연들이 그를 붙잡아 세웠다. 새생명지원사업을 맡으면서 만났던 어머니들의 애틋한 마음은 잊을 수 없었다. 아픈 아이들이 '언니', '누나'라고 불러주던 기억도 좀처럼 잊히지 않았다. 완치된 아이가 투병

기간 중에 고마움의 표시로 접어서 보내온 종이학을 받아들고 울컥했던 일은 다른 무엇과도 바꿀 수 없는 소중한 경험이 되었다.

멘토링부서에 7년간 근무했다. 경험했던 일이 우수사례로 평가받고, 신규사업을 만들어내는 계기가 되기도 했다. 당시 지역 복지관이나 지역아동센터에서는 주말에도 일하는 것이 다반사였다. 현장 사회복지사들이 그만큼 힘든 일을 겪고 있었다. 아동을 상대로 상담을 하던 어느 상담사가 자기도 모르는 사이에 아이들을 꾸짖고 명령하고 있는 자신을 발견하고는 충격을 받았다는 얘기를 들었다. 상담사는 당장 사표를 내고 쉬면서 치료를 받아야 했다고 한다. 이런 얘기를 들으면서, 현장 활동가도 좋은 서비스를 위해 스스로 돌아보고 때로는 스스로 힐링할 수 있는 여유를 가져야 한다는 생각을 가지게 되었다.

강원랜드와는 객실을 나눠주는 사업을 함께했다. 처음에는 협의회가 홈페이지에 홍보해서 사회복지 종사자들에게 객실을 무료로 나눠주는 단순한 일이었다. 1년이 지나 M 실장은 강원랜드 담당자와 다시 만났다. 그냥 객실만 무료로 내놓을 것이 아니라 힐링 프로그램을 더해서 운영해보자고 제안했다. 사회복지 종사자들에게 그동안 고생한 노고에 대한 감사의 뜻을 담아 힐링캠프를 열어주자는 제안이었다. 사회복지 종사자들이 1인 1실을 사용하면서 2박 3일 동안 하이원리조트에서 주변 힐링 산책과 음악 치유 등 다양한 힐링 프로그램을 경험할 수 있는 이 사업은 당장 채택되었다. 2021년 3억 원 예산을 들인 이 사업은 3회차로 강원랜드의 대표적인 사회공헌 프로젝트로 자리 잡았다.

400명이 참석한 2021년 행사는 강원랜드의 첫 전국단위사업으로 자리매김되었다. 강원랜드는 그동안 지역에서 장학재단 운영과 취약계층 지원사업, 일자리 창출 등에만 매달려왔는데, 전국 각지에서 참석하는 사회복지 종사자들에게 자체 시설을 이용해서 의미 있는 서비스를 제공한다는 힐링캠프의 취지에 완전히 매료됐다. 당연히 참석한 사회복지 종사자들의 만족도도 열광적이었다.

2시간 만에 1억 원 후원 결정

전략기획실 L 실장은 2011년 「사회보장기본법」, 「사회복지사업법」 전면 개정과 「사회복지사처우개선및지위향상을위한법률」 제정작업을 진행할 때 1년 6개월간 보건복지부로 파견 나가서 일했다. 이 경험은 나중에 업무에 크게 도움이 되었다고 털어놓았다. 비공식적이었지만 담당 공무원과 같이 일하면서 친분을 쌓은 것은 나중에 예산을 둘러싸고 "이거는 꼭 해줘야 한다"고 떼를 쓸 때 확실히 효과를 발휘했다. 예컨대, 당시 복지정책과장과 협의한 후 기획재정부를 설득해 좋은이웃들 신규사업 종잣돈 6억 원을 확보했다.

법학을 전공한 L 실장은 1999년 입사해 홍보업무를 맡으면서 협의회와 인연을 맺었다. 재직 중에 사회복지 전공으로 석사학위를 받았다. 총무부서, 지역복지, 자원봉사 등 여러 사업부서를 거쳐 경영지원실, 이후에 다시 전략기획실로 돌아왔다. 보건복지부와 기획재정부 공무원들과 부대끼면서 어떻게든 협의회 예산을 유지하고, 한편으로는 한 꼭지라도 더 예산을 따내는 일에 몰두하는 중이다.

L 실장은 여러 가지 아이디어를 내놓고 다양한 새 사업에 손댔지만, 가장 기억에 남는 것은 '희망의 전국 자전거릴레이' 행사라고 했다. 2009년 제10회 사회복지의 날에 맞춰 14박 15일 일정으로 진행된 희망의 자전거는 희귀난치병 어린이 돕기 모금운동이었다.

이명박 정부 당시 자전거 타기 열풍을 염두에 둔 행사였다. 제안서를 만들어 당시 모시던 박 본부장과 G마켓을 방문했다. 후원 규모가 1억 원 정도 된다고 제안하면서 바로 결정해달라고 요청했다. 안 된다면 다른 후원처를 찾겠다고 은근히 으름장을 놓았다. 오전에 들어가서 제안 미팅을 하고 사무실로 돌아오는 길에 같이 간 일행들과 늦은 점심 식사를 하고 있는데, G마켓 팀장에게서 전화가 왔다. 하기로 결정했으니 다른 데 알아보지 말라고 했다. 1억 원 규모의 후원이 그렇게 결정됐다. 제안 2시간 만에 결론이 난 셈이다.

이 대회는 협의회가 주최하고 16개 시 · 도 사회복지협의회, 국민생활체육 전국자전거연합회, 서울특별시 장애인체육회가 주관했으며 보건복지부와 행안부, 경찰청 등 4개 행정기관이 후원했다. 8월 21일 서울시청 앞 광장을 출발해 14박 15일 동안 1,519.3km에 달하는 전국 15개 구간을 자전거로 일주했다. 릴레이 방식으로 완주한 자전거 부대는 9월 4일 국회의사당에 도착했다. 5톤 트럭과 버스 한 대가 래핑해서 행사구간을 따라다녔다. 구간마다 해당 지자체의 시장이나 군수가 직접 자전거를 타고 참석했다. 40여 명의 전 구간 참석자들이 구간별로 아침마다 지역 참석자들과 지역 언론의 뜨거운 관심 속에 출정식을 가지기도 했다. 마치 올림픽 성화 봉송과 흡사했다. 장애인이 핸드바이크를 타고 참석하기도 했다. 구간마다 비보이와 가수들이 출연하는 미니 콘서트를 진행하여 희귀난치병 어린이를 돕기 위한 현장 모금 캠페인도 진행했다.

이렇게 후원 개발에 성공한 이후 L 실장은 사랑나눔실천 1인 1계좌 갖기, 복지사업부의 영웅소방관, 시민영웅 시상, 상암동 월드컵경기장 대한민국나눔콘서트 등을 성사시켰다. 사회공헌활동 기부은행을 만들 때는 자원봉사계의 반대가 심했다. 중학생 20시간 의무봉사활동이 있던 시절이라 쏠림현상이 있을 수 있다는 우려 때문이었다. 프로그램 대상자가 노인뿐만 아니라 장애인과 일반인으로 전체를 열어두면 그런 현상이 나타날 수 있다는 점 때문에 돌봄이 필요한 어르신으로 한정했다. 포인트 적립 문제도 보수성이 있다는 점에서 자원봉사의 자발성과 무보수 취지를 흐리는 것이라 쟁점이 되었으나, 자원봉사계 모두를 참여시키고 포럼과 위원회를 만들어 설득하여 결국 사회공헌활동 기부은행을 탄생시켰다. 처음에는 4개 지역에서 시범사업을 진행하여 출범했다. 노인돌봄 기부은행은 현재 50개에서 내년에 5개가 추가되어 55개가 된다. 지금도 지역이 한정되어 있어 기부은행이 없는 곳으로 옮겨가면 혜택을 못 받을 수 있다는 맹점이 있다. 그리고 일단 시작한 지역은 기부은행을 없앨 수 없다. 기부은행에 포인트가 남아있는 한 기부은행 기능을 멈출 수 없기 때문이다.

이회창 국무총리 시절에 공무원이 기부문화에 앞장서야 할 필요가 있다는 점이 강조되면서 갑자기 오더가 떨어졌다. 보건복지부 복지정책관이 협의회 측에 도움을 요청했다. 프로그램 설계에 나섰고, 공무원의 급여 우수리 등에 매칭펀드를 더하는 방식으로 사랑나눔실천 1인 1계좌 갖기 운동 캠페인을 전개했다. 아동청소년을 위한 꿈나무펀드, 장애인을 위한 행복한동행펀드, 노인복지를 위한 은빛노을펀드, 자립자활 노숙인을 위한 첫걸음펀드 등이 속속 출범했다.

소방수는 이제 그만

입사해서 첫 업무로 6층 강당을 빌려주는 대관업무를 맡았다. 얼마 지나지 않아 수익사업을 관리하는 재정사업부로 옮겼다. 3개월 후에 다시 새생명지원사업부로 배치됐다. 후임자가 올 때까지 4개월 정도 근무했다. 홍보출판부로 정식발령이 나면서 비로소 제자리를 찾았다.

S 차장은 2010년 입사 이후 그렇게 자주 근무부서가 바뀌었다. 협의회 자체는 비교적 안정적인 직장이었지만, S 차장 본인은 늘 자리를 옮겨 다녀야 했다. 정식발령 9개월 만에 다시 2007년 일어났던 태안 유조선 기름유출사고 현장 피해복구사업을 담당하게 됐다. 피해보상 차원에서 삼성이 제공한 재원으로 마을별 기자재지원과 건물지원 등에 대한 행정업무를 담당했다.

1개월 만에 다시 디딤씨앗지원사업단으로 자리를 옮겼다. 아동복지협회에서 2012년 협의회로 갑자기 이관된 이 사업부서의 근무자들이 모두 그만두는 바람에 우선 긴급파견 형식으로 배치되었다. 배치 후

곧 정식발령을 받았다. 발령을 받자마자 다시 경영실적보고서를 작성하는 TF팀에 차출되었다. 보건복지부가 산하단체의 경영평가를 하겠다고 나섰기 때문이다. 2개월 동안 완전히 자리를 비우고 TF팀으로 출근하다 보니 부서장이 난리가 났다. 당시 경영평가를 받기 시작한 후 매년 연초가 되면 그렇게 자리를 비우는 일이 수년간 반복되었기 때문에 그럴 만도 했다. S 차장 본인도 TF팀에 갔다 오면 업무는 쌓여있게 마련이었고, 부서원들도 그사이 업무가 과중되다 보니 부서 전체가 불만이었다. 이에 대해 이의를 제기하자 얼마 후 보고서 제출을 담당하는 부서인 전략기획실로 인사발령이 났다. 이제 차출이 아닌 본인의 업무가 되어버렸다.

여기서 끝이 아니었다. 어느 날 갑자기 경영지원실로 차출되었다. 사정을 들어보니 회계담당자가 육아휴직을 가는 바람에 상대적으로 업무가 많아진 다른 회계담당자가 갑자기 사표를 냈기 때문이라고 했다. 상황이 심각했다. 그렇게 6개월 동안 낯선 회계업무와 씨름했다. 초보자가 감당하기 어려운 업무였고, 결국에는 이사회에 결산보고자료를 준비하지 못하는 문제가 발생하기도 했다. 이후 경력직 회계담당자를 채용하고 휴직 중이던 담당자가 복귀하면서 사태는 수습되었다. 이후 회계담당자는 경력자만 채용하는 것이 관행으로 굳어졌다. 회계담당 후임자가 채워지고 난 후에 경영지원실 안에서 인사노무 담당으로 보직이 전환되었다. 입사 후 몇 년을 정신없이 여기저기로 불려 다니면서 본의 아니게 소방수 역할을 해낸 셈이다.

S 차장이 소방수로 동분서주할 동안 협의회도 혼돈의 시대를 겪었다. 2010년 즈음에는 재정상태가 열악해 직원의 절반이 계약직이었고, 신입 초봉이 150만 원 수준에 불과했다. 지금은 정부 정책에 따라 계약

직이 대부분 정규직으로 전환되었고, 육아휴직 대체인력 외에는 계약직이 거의 없다. 누구나 일이 많아서 늘 야근했고, 월급은 적었다. 많은 사람이 협의회를 떠났고 새로운 사람들이 빈자리를 채웠다. 야근이 잦다 보니 육아를 병행해야 하는 40대 여성 과장들이 많이 그만뒀다. 참 아쉬운 일이었다.

2015년 마침내 노조가 생겼다. 급여가 몇 년간 동결되고, 기획재정부에서 성과연봉제 도입을 강제하다시피 하면서 직원들 사이에 자연스럽게 노동조합 설립의 필요성이 제기되었다. 노조가 설립된 후로 복리후생과 근로조건도 많이 개선되었다. 급여수준은 공공기관 중 하위 70% 안에 들어갈 정도로 낮다. 기획재정부 예산편성지침에서 급여가 이처럼 낮은 공공기관은 매년 1% 추가 급여 인상이 가능하도록 해서 급여 인상의 여지는 있는 셈이다. 공공기관으로 지정되어 있는 협의회에는 여러 가지 제약이 따른다. 복리후생제도 도입이나 임금인상, 임금피크제도 등 공공기관이기 때문에 해야 할 일이 있고, 또 하려고 해도 할 수 없는 일이 많았다.

2017년 연말에 공공기관 채용비리가 불거지면서 전국 공공기관에 대한 전수조사가 이뤄졌다. 특별감사에서 몇 개월 전에 채용된 1명이 절차상 문제가 있다고 지적됐다. 서류심사와 면접을 통해 채용된 당사자는 이미 그만둔 뒤였다. 기획재정부는 징계를 지시했고 개인비리와는 연관이 없는 절차상 실수임에도 징계위원회를 여는 등 담당자를 인사조치해야 했다. S 차장은 이 때문에 갑작스럽게 인사업무를 떠맡게 되었다. 채용절차가 복잡해졌고, 매년 채용비리 감사가 나왔다.

인사업무를 오래 했던 S 차장은 일이 많아 야근이 잦고, 일하다가 실수하게 되면 크게 문제가 될 수도 있어 업무부담이 큰 편이라고 했다. 채용 관련 징계는 감경하지 못하도록 하는 규정이 신설되었기 때문이다. 차라리 경미한 실수로 주의 경고를 받고 다른 부서로 이동하는 편이 낫겠다는 생각이 들 정도였다. 다행히 아무런 주의나 경고 없이 무사히 다른 부서로 자리를 옮겼다.

S 차장 자신은 수시로 부서를 옮겨 다녔지만, 한 차례 보직을 받으면 보통 2~3년은 근무하는 것이 상례라고 했다. 뜻하지 않게 소방수 역할을 해온 S 차장은 이젠 그만했으면 하는 것이 소망이라고 했다.

행사 때마다 반복되는 긴장감

2016년 6월 27일부터 30일까지 서울 코엑스에서 열린 '2016 세계 사회복지대회' 첫째날 행사는 아수라장이 됐다. 장애인단체 회원들이 난입해 당시 행사에 참석했던 정진엽 보건복지부 장관 면담을 요구하고 피켓시위를 이어가면서 행사를 방해했다. 전국장애인차별철폐연대를 중심으로 부양의무제 등급 폐지를 주장하면서 벌어진 일이었다. 단체의 입장은 이해되지만 행사를 진행하는 협의회로서는 가로막을 수밖에 없는 상황이었다.

그해 9월 7일 제17회 사회복지의 날 행사에도 긴장이 감돌았다. 세종문화회관 세종홀에서 열리는 행사에는 당시 정세균 국회의장이 참석하기로 되어 있었다. 협의회로서는 연중 최대 규모의 행사인 데다 장관을 포함해 정부 요인들이 참석하는 행사여서 여간 신경이 곤두서는 일이 아니었다. 자리 배치와 행사순서 등에 착오가 있어서는 안 되기 때문이었다.

역시 장애인단체 회원들의 시위가 있을 것이라는 첩보가 긴장감을 더했다. 당시 행사를 준비하는 현장 실무자였던 대외협력실 B 과장은 보안문제 때문에 골치를 앓고 있었다. 마침 정세균 당시 국회의장 참석이 의외의 변수가 되었다.

정 국회의장은 당시 종로구 국회의원이기도 했기 때문에 세종문화회관이 자신의 지역구 소재 기관인 데다 관할 종로경찰서에서 대규모 인원을 동원해서 경호를 해줬기 때문이다. 협의회 자체 인력이 미미했기 때문에 애면글면하면서 여기저기 도움을 요청해야 할 판이었는데, 정세균 국회의장의 행사 참석이 결정되면서 많은 문제가 동시에 해결된 셈이었다.

행사 당일 전국 사회복지 관련 종사자 700여 명이 참석한 가운데 기념행사가 개최됐다. "따뜻한 눈길로 찾아주고! 보듬는 손길로 안아주고!"라는 슬로건이 내걸린 가운데 사회복지 캠페인 선포식과 사회복지 유공자 159명에 대한 훈포장 수여식이 열렸다.

행사장 바깥에서는 휠체어 이용 장애인들이 경찰과 대치했다. 전국장애인차별철폐연대 소속 장애인들은 기자회견을 열고 국회에 제출된 2017년 정부 예산안에 장애인예산이 대부분 동결되거나 삭감됐다고 주장하면서 장관 면담을 요구했다. 장애인활동지원 수가가 시간당 9천 원으로 동결됐고, 평균 이용 시간 역시 109시간으로 전년과 같다고 항의했다. 장애인자립생활센터 지원금은 줄이고 장애인 거주시설 지원 예산을 늘린 것은 현실을 무시하는 정책이라면서 "정부는 장애인들이 무엇을 원하는지 모른다"고 비판했다.

코로나19가 극심했던 2020년 행사는 연기된 끝에 11월 11일 비대면 영상대회로 열렸다. 63빌딩 로즈마리홀에서 열린 이날 행사에는 축사가 영상으로 상영되었고, 훈포장 시상도 상훈별 대표자만 참석하는데 만족해야 했다.

B 과장은 언론홍보 업무를 위한 경력직으로 입사했다. 부서 변동 없이 6년 이상 근무하다 보니 부서 내 최고 고참이 되었다. 언론담당으로 근무한 인적 네트워크와 배경이 협의회에 와서는 홍보업무와 직결되었다. B 과장이 주로 하는 일은 월간 『복지저널』과 인터넷신문 『복지타임즈』의 기사 작성과 각 실단의 홍보업무를 지원하는 역할이다. 늘 원고를 쓰고 정리해서 잡지를 편집하는 일에 매달리고 있다.

대학에서 사회복지를 전공하면서 첫 실습을 나간 곳이 시각장애인 시설이었다. 이후로 자연스럽게 시각장애인을 돕는 봉사활동이 이어졌다. 봉사활동 중에 뜻하지 않게 안산시장 표창을 받기도 했고, 예비군 시절에는 지역사회 봉사활동을 한 공로로 육군참모총장 표창을 받았다. 예비군 소대장으로 제도개선을 건의해 국방부 정책에 반영된 일과 미담 사례를 전파해서 예비군 홍보에 도움이 되었다는 이유로 공로가 인정된 의외의 결과였다.

잘 따라줘서 일부러 그랬어

정책연구실은 조사연구사업과 사회복지담론 조성이라는 두 가지 업무에 집중해왔다. 조사연구사업은 기본연구와 정책연구, 외부에서 들어오는 수탁연구 등 세 가지다. 사회복지담론 조성은 정책토론회와 「이슈페이퍼」 발행, 정책위원회 운영 등 세 가지로 요약된다.

박사 3명이 연간 평균 12건의 연구과제를 수행해왔다. 지금은 창립 70주년 정책토론회(주제: 사회복지협의회의 과거, 현재, 미래)를 준비 중이다. 연간 8회의 정책토론회를 기획해서 실행한다. 정책토론회는 서 회장이 내건 '지역복지 공동체 구축'과 'ESG 선도기관'으로 간다는 두 가지 목표에 집중되어 있다. 월 2회 「이슈페이퍼」를 발간하고, 제20대 대통령 선거를 앞두고 대선공약에 반영할 정책건의를 정리하는 것도 정책연구실의 주요 업무다.

이 모든 일을 4명의 인원이 연간 3,600만 원의 적은 연구비 예산으로 해낸다. 한국보건사회연구원이 박사 1인당 1억 원 상당의 연구비 예산을 배정받는 데 비하면 빈약하기 그지없다. 수탁연구와 사업부서 지원 등을 통해 1억 원이 넘는 재원이 추가로 동원된다.

서 회장이 구상하는 '스마트복지센터' 설립은 TF팀이 구성돼 로드맵을 만들고 수차례 정책토론회를 거쳐 보건복지부의 승인을 받아냈으나, 2021년에는 국회에서 예산 배정을 받지 못했다. 스마트복지센터 설립은 올해 정책연구실이 달성해야 할 주요 과제 중 첫 번째 줄에 올라 있다.

정책연구실장을 맡고 있는 J 박사는 46세에 뒤늦게 일본 유학을 떠났다. 더구나 일본어는 유학 떠나기 전에 2개월간 공부한 실력이 전부였다. 6개월간 어학연수를 한 다음에 루터신학대학에서 박사과정을 시작할 수 있었다.

사회복지대학원에서 마에다 다이사쿠 교수의 지도를 받아 「노인부양가족들의 부양 긍정감」에 대한 논문을 썼다. 부양가족의 긍정감에 영향을 미치는 질적 · 양적 연구를 수행했다. 말하자면, 노인부양 과정을 통해 가까운 가족들이 지지해주고 응원하면서 얻게 되는 긍정감 척도를 개발해서 논문의 주제로 삼았다.

30건의 현장 인터뷰를 바탕으로 키워드를 찾아내고, 300건의 사례를 다룬 끝에 논문을 완성했다. 논문을 쓰는 과정은 캄캄한 터널에 갇혀서 끝없이 걷는 것처럼 느껴졌다. 끝이 없어 보이는 터널을 벗어날 수 없을 것 같은 좌절감이 수시로 엄습했다.

2012년 당시 50세였던 J 박사는 일본에서 사회복지를 전공한 박사를 뽑는 협의회 소속 사회복지연구원에 조건부로 입사했다. 아직 박사학위 논문이 통과되지 않은 상태였다. 일하면서 1년에 걸친 논문심사를 통과해 학위를 받고 정식으로 입사했다.

사회복지연구원 비상근 원장이던 한림대 사회복지학과 최균 교수는 J 박사에게 벅찬 과제를 계속 안겼다. 당시 협의회 차흥봉 회장도 미래비전 2050 등 연구과제를 계속 내려보냈다. 3년을 그렇게 정신없이 보냈다. 일이 익숙해지자 우연히 마주친 최 교수는 "시키는 대로 잘 따라줘서 일부러 그랬다"고 무심하게 말했다. 야속한 마음이 앞섰지만, J 박사는 그런 과정을 통해 자기도 모르게 어느덧 무슨 일이든 해낼 수 있다는 강한 자신감을 얻게 되었다.

서상목 회장 취임 후 사회복지연구원은 정책연구실로 개편되었다. 조사연구기능에 사회복지담론 조성이라는 역할이 추가되었다. 서 회장은 오자마자 '사회혁신'을 화두로 내걸었다. 서 회장의 제안으로 '사회복지 4.0'을 기획하는 과정은 연구자로서 가슴이 두근거리는 일이었다.

서 회장은 또 연초가 되면 당해연도 협의회 미션을 제시하는 책자의 목차를 만들어오라고 매번 주문했다. 목차별 주제에 따라 필자를 찾아내 섭외하고 원고를 받아서 편집하는 일련의 과정을 거치면 책 한 권이 완성되었다. 서 회장이 스스로 1개 장을 맡아 원고를 직접 쓴다. 이렇게 매년 1권씩 발간되는 책자는 정책담론의 중심이 된다. 협의회 창립 70주년을 맞는 2022년에는 '사회복지의 과거, 현재, 미래'라는 제목 아래 목차를 정리 중이다. J 실장은 이 작업이 자신이 진행하는 마지막 책이 될 수 있다면서 잘 마무리 짓고 싶어 했다. 정년퇴직을 앞두고 있기 때문이다.

J 박사는 협의회가 자신의 놀이터라고 표현했다. 과제가 주어질 때마다 새로운 연구논문이 한 편씩 꾸며진다고 생각하면 가슴 벅찬 일이었다. 일이 즐겁고 행복했다. 학문적인 성취에 못지않게 수많은 사람

과 교류하면서 인맥을 쌓은 일도 뿌듯한 점이었다.

원희룡 전 제주도지사와 '사회안전망 4.0'을 구성해서 운영한 것도 의미 있는 일이었다. 제주연구원과 공동으로 2년간 포럼을 진행하면서 국회에서 여야 국회의원들이 참석한 가운데 기본소득에 대한 격렬한 찬반 토론을 진행했던 기억이 새롭다.

사회복지계 종갓집

협의회 업무는 고유목적사업과 복지부 위탁사업의 두 가지로 나뉜다. 고유목적사업은 정책연구실, 지역복지지원단, 교육연수실, 대외협력실에서, 위탁사업은 푸드뱅크사업단, 자원봉사사업단, 사회공헌센터, 멘토링사업단, 사랑나눔사업단에서 수행하고, 나눔혁신사업단은 기업과 협력하여 사회공헌사업을 집행한다. 여기에 기획 및 지원부서인 전략기획실, 경영지원실이 더해져 협의회를 구성하고 있다.

협의회가 민간 사회복지 대표기관임에는 틀림없으나, 아직 시 · 군 · 구 조직이 완전하게 갖추어져 있지 않다. 현재 전국 226개 시 · 군 · 구 중 약 70%인 162개 지역에 협의회가 운영 중이다. 이런 미흡함 때문에 때로는 당연히 맡아야 할 일을 놓치기도 하고, 다른 조직이나 기관이 필요하다는 주장의 빌미가 되기도 한다. 협의회가 민간 사회복지 대표기관임에는 틀림없으나, 시 · 군 · 구 조직이 완전하지 못하다는 이유로 업무를 다른 기관으로 빼내고 있다. 법을 개정해서 모든 시 ·

군 · 구에 지역 협의회가 설치되도록 강제할 필요가 있음에도 끝끝내 법 개정은 뒤로 미뤄지고 있는 실정이다.

한국사회복지협의회를 일본의 전국사회복지협의회(전사협)와 비교해보면 역할과 기능에서 크게 차이가 난다. 일본에서는 모든 민간복지가 전사협을 중심으로 이뤄진다. 도도부현, 시정촌 협의회를 거느린 전사협이 모든 직능단체를 관할하고 있다. 그뿐만 아니라 전사협 회장이 공동모금회 회장을 겸직해 모금과 배분이 일원화되어 있다.

전달체계가 너무 복잡해졌기 때문에 가급적이면 통합적으로 운영할 필요가 있는데, 우리는 오히려 협의회의 기능을 세분해서 다른 외부기관으로 떠넘겨 업무를 축소해나가는 경향이 강하다. 다양한 시설과 기관에 의존하던 사회복지를 지역복지공동체로 전환하기 위해서는 민간부문의 역할이 커질 수밖에 없는데, 구조적인 문제 때문에 현실은 민간 복지기능을 축소하는 방향으로 거꾸로 가고 있다는 지적이 없지 않다.

협의회가 수행하던 사회복지사 자격증 관리 기능은 20여 년 전 한국사회복지사협회로 이관되었다. 사회복지 분야 공동모금 기능 또한 20여 년 전 사회복지공동모금회가 설립되면서 떨어져나갔다. 사회복지 시설 평가기능과 복지 정보화 기능은 10여 년 전 한국사회보장정보원으로 넘어갔다.

김대중 정부 때는 지자체마다 지방자치단체장이 공동위원장을 맡는 지역사회복지협의체를 출범시켜 시 · 군 · 구의 지역사회복지계획을 수립하는 중요한 역할을 맡겼으며, 박근혜 정부 때 기능적으로는 복지에서 보장으로, 지역적으로는 시 · 군 · 구에서 읍 · 면 · 동까지 설치된 지역사회보장협의체로 확대되었다.

1952년 한국전쟁 중에 한국사회사업연합회로 출범해 70년 역사를 지닌 사회복지협의회는 사회복지계를 대표하는 종갓집에 해당한다. 그럼에도 보건복지부 산하 27개 단체 중 협의회 직원 처우가 가장 낮은 편에 속한다. 사회복지계에 기여한다는 자긍심과 사명감에 더하여 사무실 위치가 대단한 버팀목이다. 실제로 협의회가 자리 잡은 공덕오거리에 있는 공덕역은 지하철 5호선과 6호선, 공항철도와 경의중앙선 등 4개 노선이 교차하는 서울 도심의 대표적인 교통요지다. 지하철 출구를 나오면 바로 코앞에 협의회가 입주해 있는 한국사회복지회관 빌딩이 있다.

사회복지법인 한국사회복지협의회 회원은 일반회원 60여 명과 단체회원 100여 명으로 구성되어 있다. 일반회원은 사회복지계 원로와 학계, 공무원 출신이 대부분이다. '올드 소사이어티(old society)'라고 불릴 만큼 연로하고 사회복지계에서는 저명한 분들이어서 성향이 보수적이고 소신도 확고한 편이다. 단체회원은 시 · 도 협의회와 각종 직능단체, 전국규모 사회복지단체, 재계 주요 사회복지재단, 언론계, 종교계, 보건의료계 등으로 광범위하다. 이들 회원이 선거를 통해 3년 임기의 회장을 선출한다. 협의회 회장은 비상근이고 급여도 없는 명예직이다. 역대 회장에는 국무총리와 장관 출신이 상당수다. 현 서상목 회장은 2017년부터 협의회를 이끌고 있다. 1993년 김영삼 정부 때 역대 최연소 보건복지부 장관으로 취임했고, 3선 국회의원을 역임했다. 명실상부하게 사회복지계를 대표하는 전문가다.

서상목 회장 취임 이후 협의회는 많은 변화가 있었다. 첫째, 공공기관 경영평가에서 2년 연속 A등급을 받을 정도로 사회적가치 중심 경영을 하고 있다. 둘째, 공공기관 브랜드가치 평가에서 대한적십자사에

이어 2등을 차지했다. 셋째, 2020년 11월 서 회장이 국제사회복지협의회(ICSW) 회장으로 선출됐다. 넷째, 다양한 민간기업과 기관 간 협치로 윈윈 시스템을 구축했다. 마지막으로 협의회 출간물이 질적 · 양적으로 향상됐다. 특히 협의회는 2018년부터 매년 한 권씩 주요 사회복지 이슈를 다룬 책을 발간해왔다. 『사회복지 4.0』을 시작으로 『가치를 창출하는 사회공헌』, 『사회적 가치 시대를 연다』, 『행복한국 만들기와 자원봉사』라는 책자가 이미 출간되었다. 이에 더해 월간 『복지저널』, 계간 『사회공헌 매거진』 및 사업별 연간 백서 등은 사회복지계의 대표적인 출간물로 자리 잡아가고 있다.

보건복지부 장관을 사회부총리로

대통령선거를 앞두고 사회복지계가 공식적으로 정책제언에 나섰다. 사회복지협의회 서상목 회장은 2021년 11월 15일 국회 소통관을 방문해 기자회견을 열고, 사회복지계 25개 기관과 단체를 대표해 '지속가능한 한국형 복지국가 건설'을 위해 차기 정부가 노력해야 할 5대 핵심정책과제를 발표했다.

첫머리에 저출산 현상이 계속 악화되고 있다는 점과 노인 인구가 전체 인구의 20% 이상을 차지하는 초고령사회 진입을 앞두고 있다는 두 가지 변화와 코로나19 위기로 소득 불평등이 더욱 심화되고 디지털 격차로 인한 사회적 격차가 더 커지고 있다는 두 가지 취약점을 지적했다. 이에 따라 복지국가 비전과 방향을 양적 확대보다는 질적 성장에 초점을 맞춰 지속가능한 복지국가 구축을 지향해야 한다고 강조했다.

정책제안으로는 첫째, 정책구조를 혁신하고 포용적 사회안전망을 구축해야 한다고 요구했다.

사회복지를 강화하기 위해 보건복지 정책을 총괄하는 보건복지부 장관이 사회부총리를 겸임하도록 하여 복지수요에 적극적으로 대응할 수 있어야 한다고 주장했다. 기초생활보장제도의 부양의무자 기준을 완전히 폐지해야 하고, 비정규직 근로자와 영세사업장 근로자, 자영업자 등 사회보험의 사각지대에 놓인 국민의 사회보험 가입을 지원하기 위한 인센티브가 필요하다고 제언했다.

'송파 세 모녀 사건' 이후 공공부조 부양의무자 기준완화가 추진되었음에도 '방배동 모자 사건'이 발생해 선별적 복지정책의 구조적 한계가 드러났다는 점을 지적하고 보편적 복지를 확대할 필요가 절실하다는 점을 강조했다.

청년과 신중년 등 새로운 복지수요에 대응할 수 있는 사회서비스 개발도 시급하다고 주장했다. 사회서비스 수요공급 실태조사에서 응답자의 43%가 '소득과 무관하게 서비스 욕구가 있거나 필요로 하는 사람'이 사회서비스 정책지원 대상에 포함되어야 한다고 응답해 사회서비스 보편화에 대한 국민적 공감대가 형성되었다고 적시했다.

둘째, ICT기반 사회보장 플랫폼을 구축해 복지행정의 효율성을 높이고 통합적인 관리가 가능하도록 해야 한다고 주장했다.

서 회장은 ICT 분야 세계 최고 수준의 국가경쟁력을 활용한 스마트복지시스템을 구축해 공공과 민간, 지역주민이 소통할 수 있는 사회보장플랫폼을 완성해야 한다고 설명했다. 장기계획을 세워 사회복지 디지털 전환을 달성한 덴마크 사례를 인용하면서, e-Welfare 달성을 위해서는 상대적으로 디지털 역량이 뒤떨어지는 취약계층을 돌보는 사회복지시설과 종사자들의 디지털 역량 강화가 선행되어야 한다고 밝혔다.

셋째, 사회서비스산업 육성으로 '일자리 복지'를 실현하고자 한다.

「사회서비스 지원 및 사회서비스원 설립운영에 관한 법률」 제정을 통해 민간사회복지기관에 대한 지원을 강화하고 전문성을 높여야 한다. 동시에 「사회서비스산업 진흥법」(가칭) 제정을 통해 사회적협동조합과 사회적기업, 소셜벤처 등 사회서비스산업 분야 민간공급자에 대한 지원을 확대하고, 이를 통해 사회서비스산업 분야 일자리 창출로 이어지는 복지 선순환 구조를 만들어내야 한다고 주장했다. 또 사회서비스를 제공하는 건강한 민간공급자를 확대하기 위한 통합적인 제도가 필요하다고 제언했다.

넷째, 자원봉사와 나눔문화를 확산시켜 '지역복지공동체'를 구축해야 한다.

공공 복지지출이 늘어나고 국가재정이 악화됨에 따라 시민사회와 민간영역의 나눔 활성화가 더욱 필요해졌다는 점을 지적하고, 기업의 윤리경영과 사회적 책임을 장려하고 유도하기 위한 제도적 환경을 만들어야 한다고 촉구했다. 지역복지공동체 구축을 통해 사회적 가치 확산과 사회통합이 가능해질 것이라고 전망했다.

다섯째, 민관 협치의 '보건복지 전달체계'를 새로 세워야 한다.

정부 중심의 거버넌스에서 시민주도 민간중심으로 지역 사회복지 전달체계가 전환되어야 하고, 보건 · 의료 서비스와 복지서비스가 연계한 협력적 전달체계가 필요하다고 주장했다. 특히 사회적 돌봄의 필요성이 증가함에 따라 지역사회 통합돌봄사업이 추진되고 있음에도 보건과 의료 복지정책, 복지사업, 서비스 전달체계 등이 서로 나뉘어 있어 통합적 전달체계의 필요성이 커지고 있다.

아울러 사회복지계의 의견 수렴을 통해 구성된 사회서비스 분야별 68개 정책과 제도도 제안했다. 주요 정책과제는 사회복지서비스 종사자 인건비 가이드라인 준수와 소규모 시설 인력과 예산지원 확대, 지역 · 시설 간 복지격차 해소 등이다.

이번 정책제언에 참여한 기관과 단체는 한국아동복지협회, 한국어린이집총연합회, 한국아동청소년그룹홈협의회, 전국지역아동센터협의회, 한국노인복지중앙회, 한국노인종합복지관협회, 한국시니어클럽협회, 한국재가노인복지협회, 한국노인장기요양기관협회, 한국장애인복지관협회, 한국장애인복지시설협회, 한국장애인주간보호시설협회, 한국장애인직업재활시설협회, 한국정신요양시설협회, 한국정신재활시설협회, 한국사회복지관협회, 한국사회복지법인협회, 한국지역자활센터협회, 한국한부모가족복지시설협회와 각 시 · 도 사회복지협의회 등이다.

서 회장은 기자회견 후 각 당을 방문해 현장의 목소리를 담은 정책제언 내용을 대표와 당 관계자들에게 직접 전달했다.

찾아가는 복지 전달체계 만들겠다

각 당의 대선공약을 겨냥한 '사회복지 비전선포대회'는 2021년 12월 9일 강남 코엑스에서 윤석열 국민의힘 대선후보와 심상정 정의당 후보, 안철수 국민의당 후보가 참석한 가운데 개최됐다.

올 3월 대통령선거를 앞두고 한국사회복지협의회와 한국사회복지시설단체협의회, 한국종교계사회복지협의회의 3개 단체가 총집결했다. 대선후보에게 사회복지 현장의 목소리와 비전을 전달하기 위해서였다. 3개 단체의 회원기관 종사자 수와 시설 이용자 수를 모두 합하면 전국적으로 1천만 명이 넘는 규모다. 사회복지단체를 총망라한 이번 행사에는 기독교와 불교 · 천주교 · 원불교 등 10대 종단 종교복지단체가 모두 참여했다.

서상목 사회복지협의회 회장은 대회사에서 "민간이 주도하고 공공이 지원하는 지역사회복지 거버넌스를 구축해서 어느 한 사람도 인생에서 낙오하지 않도록 촘촘한 사회안전망이 짜여져야 한다"고 주장했다.

한국종교계사회복지협의회 최창환 회장은 “사회복지 정책이 바로 서기 위해서는 현장에서 그 일을 겪고 있는 사람들과 실질적인 대화를 해달라”고 당부하면서 “도와주지는 못할망정 복지시설에 없던 세금을 내라고 들이대는 것은 잘못”이라고 정부 정책을 정면으로 비난했다.

행사 공동 상임대표를 맡고 있는 권태엽 한국사회복지시설연합회 상임회장은 “그동안 보건복지부는 의료 중심의 복지에 쏠리고 사회복지계는 후순위로 밀려 있었다”고 지적하면서 보건복지부 장관을 부총리로 승격시켜야 한다고 주장해 눈길을 끌었다.

이날 행사에서 대선후보들에게 10대 어젠다가 전달되었다. 어젠다에는 ① 보건복지 분리, 사회복지부 신설 및 부총리 승격 ② 대통령 직속 사회복지서비스위원회 설치 · 운영 ③ 보편적 복지 실현을 위한 사회복지예산 확대 ④ 사회적 약자에 대한 지원체계 강화 및 복지 사각지대 해소 ⑤ 복지 일자리 확대를 통한 저소득층의 자립기반 마련 ⑥ 지역별 복지 격차 해소 ⑦ 사회적 돌봄을 위한 복지인프라 확충 ⑧ 서비스이용자 중심의 전달체계 확립 및 권리 강화 ⑨ 시설종사자 안전 및 처우개선 강화 ⑩ 민간사회복지기관 지원 및 전문성 강화 등의 내용이 포함됐다. 이날 행사는 온라인으로 생중계됐다.

행사에서 윤석열 국민의힘 대선후보는 “외롭고 힘든 국민을 촘촘하고 두텁게 보호해야 할 의무가 정부에 있다”면서 일자리와 복지가 함께 가는 사회를 이루어내겠다고 약속했다. 특히 국민 중심의 사회복지 전달체계를 구축하겠다고 다짐하고, 개개인의 복지 체감도를 높이기 위해 찾아가는 복지 전달체계를 만들어가야 한다고 강조했다. 복지 종사자들의 근무조건과 처우개선도 해결되어야 할 과제라고 지적했다.

심상정 정의당 대선후보는 "어떠한 상황에 처하더라도 먹고사는 문제는 걱정하지 않아도 되는 나라를 만들겠다"고 약속했다. 우리나라는 법과 제도가 잘 갖춰져 있어서 외형만 보면 이미 복지국가이지만, 여전히 사각지대가 존재하고 실질적인 내용을 갖추지 못하고 있다고 비판했다. 사회복지세를 도입하고 주민센터를 통합돌봄센터로 전환하겠다는 공약도 설명했다.

안철수 국민의당 대선후보는 보편적 복지와 선택적 복지의 전략적 조합을 통해 예산이 정말 필요한 곳에 제대로 사용되도록 제도를 손봐야 한다고 지적했다. 현금성 복지보다는 서비스 복지로 방향을 잡아야 한다는 것이 자신의 신념이라면서 사회복지 종사자들이 행복해야 질 높은 복지서비스가 가능해진다는 점도 강조했다. 이재명 더불어민주당 후보는 행사에 불참했다.

세 후보는 모두 한목소리로 현장과의 직접 소통을 전제로 제도를 뜯어고치겠다고 약속했다. 3개 사회복지단체는 2022년 1월 공동 결의해서 제안한 10대 어젠다를 반영한 대선공약을 각 후보로부터 되돌려 받아 확인하는 확약식을 열어 다시 관심을 불러일으킬 계획이다.

멘토도 동반성장

협의회에서도 코로나19 이후 재택근무가 도입되었다. 3일에 한 번꼴로 돌아가면서 재택근무가 가능하다. 업무에 지장이 없는 범위 내에서 미리 계획서를 올려 부서 내 직원들과 잘 조정하면 근무일 3분의 1을 재택근무할 수 있다. 필요하면 영상으로 회의하고, 전화는 착신전환해서 집에서 받을 수 있도록 한다. 나눔혁신사업단 U 대리는 재택근무의 장점으로 점심시간에 짬을 내서 편하게 쉴 수 있다는 점을 꼽았다.

U 대리가 현재 맡고 있는 사업은 새생명지원사업이다. 정부 의료정책의 사각지대에 놓여있는 소외계층 중 만 18세 이하 소아암과 희귀난치성 질환, 장기이식 환아를 대상으로 치료비를 제때 지원해주는 사업이다. 심리적 · 정서적 지원프로그램을 통해 건강회복은 물론이고 경제적 · 정서적 이유로 삶을 포기하지 않도록 도와주는 사업이다.

입사 3년 차에 불과한 U 대리는 입사 후 줄곧 멘토링 업무를 맡았다. 멘토링은 개인 역량과 네트워크를 가진 멘토가 멘티에게 정서적 지지와 조언을 제공하도록 연결해주는 프로그램이다. 청소년인 멘티가 비전을 가지도록 도와주고 격려하는 것이 이 프로그램의 핵심이다. 지금은 대상이 전 연령층으로 확대됐다. 지식과 역량을 지닌 멘토가 멘티에게 좋은 영향을 주는 것이 1차적인 목표이지만, 결과적으로 멘토도 멘토링 과정을 통해 동반성장하게 된다는 점이 이 프로그램의 특징이다.

협의회는 수행기관들을 위해 교육프로그램을 운영하는 한편 대학 동아리를 모집해서 프로그램 운영을 위한 지원금도 주고, 공모를 통해 우수한 동아리는 시상도 한다. 멘토링은 의미 있는 변화를 이끌어내야 하기 때문에 지속성이 중요한데, 코로나19로 인해 대면 멘토링이 어려워지면서 전반적으로 부진을 면치 못하고 있는 실정이다.

멘토링 영역이 다양해지면서 예체능 멘토링이 인기도 높고 크게 늘어났으나, 코로나19의 직접적인 영향을 받게 되었다. 예컨대 야구동아리팀을 운영하던 멘토링팀은 모이는 것 자체가 어려워졌다. 다 같이 모이기 어려우면 소규모로 몇 명씩 모여서 할 수도 있으나, 그나마 체육시설을 빌리기 어려워 아예 포기하는 경우가 많았다. 적극적으로 온라인으로 할 수 있는 방법을 찾아내기도 했다. 온라인 자료를 따로 만들어서 미리 돌리고 영상을 통한 비대면 멘토링을 하는 방식이다.

나눔혁신사업단 Q 부장이 현재 맡고 있는 업무는 기업에 혁신 테마를 제안해서 후원을 받아 추진하는 나눔사업들이다. 기업지정기탁사업은 후원기관이나 기업의 본업에 걸맞은 나눔사업을 기획하고 제안해서 기관이나 기업의 후원을 받아 복지서비스를 제공하는 프로그램이다.

Q 부장이 추진한 사업은 에쓰-오일 주유소 유휴공간을 활용해서 편의점을 운영해보자는 제안이었다. 에쓰-오일에서 초기 상품비와 가맹비, 임차보증금 등 3천2백만 원을 지원해주기로 하고 당초 무인 편의

점을 운영하기로 했다. 술과 담배를 판매하기 위해서는 점원이 있어야 한다고 해서 낮에는 점원이 상주하고 야간에는 무인으로 운영하기로 했다. 보육원에서 퇴소하는 청소년과 이주여성, 한부모 가정 등에 일자리를 마련해주는 자활프로그램으로 추진되었다. 에쓰-오일과는 목숨을 잃거나, 장애나 부상을 입은 소방공무원과 해양경찰 공무원, 용감한 시민을 시상하고 지원하는 영웅지킴이 사업도 진행하고 있다.

기아자동차는 교통사고로 부모를 잃은 아이들에게 장학금을 주는 기아드림(Dream) 장학금사업을 집행해왔다. 매년 180여 명에게 4억6천만 원 정도의 장학금을 지급했다. 사회복지시설에 19대의 차량을 지원하기도 했으며, 다문화 아동을 위한 도서관 사업도 후원했다.

한국서부발전은 국토교통부가 추진하고 국가균형발전위원회가 함께하는 '새뜰마을 주민돌봄센터'라는 하드웨어에 협의회가 제공하는 소프트웨어인 '빌드업(Village Dream-up)'프로그램을 추진하고 있다. 주민 삶의 질 향상을 위한 혁신적인 프로그램에는 5개 지역 시범사업에 각 5천만 원씩 지원되었다. 또 사회혁신가인 체인지메이커를 발굴해서 시상하는 사업을 후원하고 있고, 젊은 사회혁신가를 양성하는 리빙랩 프로그램도 새로 시작했다.

주택도시보증공사(HUG)는 무주택 저소득층 임차보증금으로 가구당 500만 원씩 지원하는 프로그램과 지붕 개량사업 지원, 장난감도서관(Mom's HUG) 설치 사업 등을 함께 하고 있다.

편의점처럼 꾸민 영원마켓

서울 영등포 푸드뱅크에는 '영원마켓'이 있다. 돈을 내지 않는 '영(0)원'마켓이다. 코로나19로 갑자기 어려워진 이웃들을 위해 편의점에 들르듯이 누구나 들어가 먹거리와 생필품을 챙겨갈 수 있는 점포를 열었다. 아무런 제한 없이 누구나 음식을 가져갈 수 있다. 1차로 다녀간 사람은 2차까지 서비스를 받을 수 있다. 다만, 신분증을 요구해서 주민센터가 기초생활수급자에 해당하는지, 아니면 서비스를 계속 받을 수 있는지 여부를 확인해서 대응하도록 하고 있다.

영원마켓 방문자는 먹거리 네 가지와 생필품 두세 가지 등 7개 품목 정도를 챙겨갈 수 있다. 주식류인 쌀과 라면, 국수 수요가 많다. 유통기한이 짧아서 관리가 어렵지만, 제과점에서 기부한 빵도 선호 품목이다. 최고 인기 품목인 쌀은 주로 2kg 소포장으로 제공된다. 쌀은 늘 부족한 편이다. 연말연시에는 쌀이 현물로 들어오기도 하지만, 주로 후원금으로 사서 비치하는 경우가 많다고 했다.

푸드뱅크 창고를 겸하고 있는 영등포 사회복지협의회 건물에 자리 잡은 영원마켓 1호점을 오픈한 이후 거동이 불편한 사람들을 위해 신길동에 2호점, 대림역에 3호점을 추가로 열었다. 이 외에도 영등포구 사회복지협의회는 대형 세탁기를 장만해서 독거노인들의 이불 빨래를 도맡아 해주는 빨래방을 운영 중이다.

영원마켓이 2021년 3월 방송을 타면서 널리 알려지자 방문자가 크게 늘었다. 처음에는 일시적으로 물량 부족 현상이 발생했다. 영원마켓이 소문이 나면서 동시에 개인후원과 기업후원이 많이 들어와 지금은 오히려 공급이 넘치는 편이다.

서울 성동구와 수원시는 주민들이 남는 음식을 가져다놓고 누구나 가져갈 수 있는 공유냉장고를 운영하고 있다. 안산시도 마을공동체 활성화의 한 방편으로 주민 누구나 음식물을 넣을 수 있고, 필요한 사람은 누구나 음식을 가져갈 수 있는 마을공유냉장고를 운영하고 있다. 안산시가 '정감톡톡'이라는 이름을 붙여 운영 중인 3개 마을공유냉장고도 복지 사각지대에 있는 소외계층 발굴과 지원이 원래 목적이다.

이렇게 개방적인 영원마켓이나 공유냉장고를 운영하는 목적은 사각지대 해소다. 정부가 기초생활수급자를 지원하고, 지역 협의회가 동네 사정을 잘 아는 좋은이웃들 봉사자를 통해 소외계층을 찾아내 지원하고 있었다. 그래도 여전히 우리 사회에는 봉천동 탈북 모녀 사건과 같이 굶어 죽는 사람들이 끊이지 않고 있다.

문턱을 없애서 아무 조건이나 제한 없이, 그냥 누구나 가져가서 먹을 수 있는 음식을 제공하겠다는 것이 영원마켓의 취지다. 영원마켓을 편의점처럼 꾸민 것도 사용자가 손쉽고 익숙하게 접근할 수 있도록 하기 위한 배려다. 코로나19로 인한 급작스러운 환경변화에 따라 뜻밖의 어려움을 겪는 사람이 늘어난 상황에 아주 시의적절한 조치였던 셈이다. 이 같은 편의점형 푸드마켓은 현재 전국 43개 푸드뱅크 사업장에 설치되어 있다.

고향사랑펀드로 풀뿌리 모금

사무실은 병원 내시경실 옆에 자리 잡고 있다. 발레파킹이 가능하고, 14층에는 전망 좋은 스카이라운지 식당이 있다. 그 밖에도 잘 갖춰진 크고 작은 회의실을 사용할 수 있다. 안양시 사회복지협의회는 이런 좋은 조건의 사무실을 사실상 무상으로 사용 중이다. 안양시 협의회는 원래 국제나은병원 옆 조그만 빌딩의 월세 사무실에 있었다. 안양시 사회복지회 회장직을 새로 맡게 된 김재훈 회장이 궁리 끝에 이웃하여 새로 들어선 병원 측에 한 가지를 제안했다. 사회복지협의회가 나눔 활동을 하는 '선한 단체'임을 알리고, 임대료는 기부금 처리가 가능하다고 일러주었다. 어려운 환자의 병원비를 깎아주면 그것도 기부금 처리를 해주겠다고 약속했다. 그렇게 선한 영향력을 제안하자 병원 측이 받아들인 것이다.

병원 건물의 일부를 업종변경 절차를 거쳐 협의회 사무실로 임대받았다. 발상의 전환을 통해 지역 협의회의 열악한 사무실 환경을 획기적으로 개선한 사례로 꼽힌다.

협의회는 병원에 입주한 이후 지원대상 노인 환자의 척추 관절 수술비를 500만 원에서 50만 원으로 할인해주고, 특히 다문화가정 자녀의 입원비를 지원하는 등 의료분야 사회공헌을 적극적으로 이끌고 있다. 병원도 다른 대형병원과 경쟁하는 상황에서 빠르게 지역사회 일원으로 자리 잡아간다는 이점을 누리는 선순환을 엮어내는 중이다.

안양시 협의회는 고향사랑펀드 선두주자다. 2021년 중앙 협의회 공모에 응모해 시범사업자로 선정됐다. 중앙 협의회가 입금 확인과 기부금 영수증 발급 등으로 번거로운 개인 후원자 관리를 맡아주고, 전반적인 후원금 회계 관리도 대신해준다.

김 회장은 고향사랑펀드가 지역사회 문제해결을 위해 풀뿌리 모금이 가능하다는 강점을 지니고 있다고 했다. 사회복지공동모금회는 시 · 군 · 구 조직 없이, 또 사업수행기관 없이 중앙과 시 · 도에서 모금해서 공모를 통해 사업을 선정 · 배분하고 있다. 이에 비해 고향사랑펀드는 지역사회 문제를 내걸고 지역의 기업과 개인이 당장 눈앞에 보이는 문제해결을 위해 모금한다는 점에서 뚜렷이 구별된다고 했다.

개인후원도 1만 원 단위 소액계좌로 정기후원하는 방식이 가능하고 기업후원도 목적사업에 직접 기부하는 방식으로 진행되기 때문에 설명하기 쉽고, 반응이 좋을 뿐만 아니라 효과가 즉각적이라는 장점이 있다고 설명했다. 더군다나 중앙 협의회가 관련 회계업무를 도맡아 처리해줘서 지역 협의회의 사무 부담을 줄여주는 것도 큰 장점으로 꼽았다. 김 회장은 다문화가정, 장애인, 노인 문제 등 다양한 지역 현안을 안양사랑펀드를 통해 직접 풀어나갈 수 있다는 기대에 부풀어 있었다.

안양사랑펀드는 현장 전문가가 지역사회 문제를 찾아내고, 시급한 문제를 선정해서 사업계획을 세우며, 실시간으로 문제해결을 위한 제안을 해서 바로 모금 활동을 할 수 있다고 했다. 이렇게 진행하면 당장 효과를 실감할 수 있고, 진행 과정이 모두 드러나기 때문에 투명성이 확보된다는 장점이 있다고 설명했다.

김 회장은 7대째 이 지역에서만 살아온 토박이라면서, 사회복지를 전공하고 시설 책임자로 근무하다가 선친의 뒤를 이어 지역 체육회장을 지냈다고 했다. 협의회에서 3년간 상임 부회장을 맡은 후 회장으로 선출돼 3년 임기를 마치고 연임 중이라고 했다.

직원 봉급 주는 것도 벅차

"반드시 프로젝트를 놓고 모금하라." 서상목 회장은 고향사랑펀드에 대해 설명하면서 현장성을 특히 강조했다. 2021년 5월 경기도 시 · 군 · 구 협의회 회장들이 모인 간담회에서 서 회장은 사회복지공동모금회가 손발에 해당하는 시 · 군 · 구 지부가 없다는 점을 지적했다. 정부가 인정하는 법정모금단체는 사회복지공동모금회와 적십자사, 전국재해구호협회, 그리고 사회복지협의회뿐이라면서 고향사랑펀드가 얼마나 현장 적용성이 높은지 설명했다.

지역에서 지역 현안을 내걸고 계획을 세워 모금할 수 있다는 강점이 있다. 더군다나 지역 협의회가 '지역사회공헌 인정제'를 통해 기업의 사회공헌 활동을 독려하고 있다는 점도 상기시켰다. 고향사랑펀드는 활용하기에 따라서는 지방자치단체장에게도 매력적일 수 있다고 보았다.

지역 협의회 회장들은 사무실 운영을 위한 인건비가 가장 큰 부담이라고 토로했다. 용인시 사회복지협의회 정성규 회장은 지역 특성상 코로나19로 인해 관광수입이 감소해 직원 월급을 걱정해야 할 정도로 사정이 어렵다고 털어놓았다. 협의회의 정체성과 관련해서는 지자체별로 사회보장협의체가 발족하면서 점점 설 자리가 없어져가는 분위기라고도 했다. 우리가 잘할 수 있는 것만 붙잡고, 나머지는 다른 기관으로 넘겨서 일을 줄이는 것도 고민하고 있다고 했다.

관내에 대기업이 많음에도 사회공헌 활동과 기부금이 완전히 동결되는 바람에 사정이 전례 없이 어렵다는 지역협의회도 있었다. 청와대 출신 시장이 선출되면서 정관이 협의회와 똑같은 사회복지법인을 설립해 협의회에 기부하지 말고 재단에 기부하라고 노골적으로 압력을 행사하고 있다고도 했다.

수원시에서는 각 주민센터에서 공동모금회 이름을 빌려 통장을 개설하고, '천사모금회' 명의로 모금에 나서고 있다고 했다. 공동모금회가 지역사회보장협의체를 끼고 풀뿌리 모금을 하고 있다는 지적이었다. 의결기관인 지역사회보장협의체의 이러한 행태는 교통정리가 필요한 부분이라고 꼬집었다.

서 회장은 이에 대해 결국 협의회 정체성 문제로 귀결된다면서 정권이 새로 들어설 때마다 새로운 기관을 만들어 뭔가 실적을 내려는 경향이 강하다고 날을 세웠다. 중앙 협의회도 이 같은 문제점을 인식하고 있지만, 교통정리를 할 수 있는 권한이 없기 때문에 수동적으로 대응할 수밖에 없음을 인정했다. 반면 서 회장은 공동모금회에 시 · 군 · 구 조직이 없다는 점에 착안해서 협의회의 지역 조직을 활용하는 방안을 공동모금회 측에 제안하고 있다고 설명했다. 말하자면, 일본 전국사회복지협의회처럼 지역 전사협 조직이 모금하고 이를 공동모금회로 올려서 다시 지역사업별로 예산을 되돌려 받아 사용하는 방식을 통해 협업이

가능하다는 의견을 내놓았다. 이 문제는 부처 간 이해가 엇갈리기 때문에 행정안전부와 보건복지부 간에 조정이 이뤄져야 한다는 점도 첨언했다.

J시 협의회는 이사와 감사의 임기 문제로 혼란을 겪고 있다고 했다. J시 주무관의 요청에 따라 임기 2년으로 정관개정을 했는데, 새로운 주무관이 다시 3년으로 바꾸라고 해서 혼란이 가중됐다. 외부추천 이사 수와 관련해서도 현행 15~30명으로 되어있는 조항을 정수로 바꿔서 특정하라고 해서 어려움을 겪었다고 했다. 후원금과 후원 물품에 대해서도 자금출처 때문에 필요하니 협의회 재산으로 잡아서 신고하고, 3억 원 이상 기부금에 대해서는 공증을 받으라는 관할 세무서의 통보를 받았다고도 전했다.

이타적 나눔 활동이 행복의 근원

서상목 회장은 2021년 연초에 협의회의 미래 발전 방향과 관련해 다섯 가지를 제안했다. 우선, 지역복지공동체 구축이 가장 중요하다고 주장했다. 국가와 시장, 그리고 세 번째 기둥인 공동체의 중요성을 부각한 시카고대학교 라구람 라잔 교수의 저서 『The Third Pillar』를 인용했다. 기술과 사회변화에도 불구하고 3개 기둥이 균형을 잡아야 하는데, 정부나 기업에 비해 공동체는 상대적으로 무력해졌다. 전 세계적으로 포퓰리즘이나 급진좌파 운동 등 대부분의 정치적 우려는 공동체 축소라는 문제에서 불거졌다고 본다. 따라서 문제의 해결점은 제대로 작동하지 않는 공동체를 다시 건강하게 회복하는 데 있다는 주장이다.

깊어지는 빈부격차와 사회적 갈등을 해결하는 것은 국가를 통해서도 아니고, 시장을 통해서도 아니다. 공동체를 부활시키고 공동체가 핵심적인 기능을 수행하도록 해야 한다는 것이다. 서 회장은 지역복지공동체 구축이 더 벌어진 빈부격차와 이데올로기 양극화를 저지하고,

지금 대한민국 앞에 놓인 험난한 시대의 강을 가로지르는 유일한 다리가 될 것이라고 설명했다.

매사추세츠공과대학(MIT)의 대론 아세모글루 교수도 『좁은 회랑(The Narrow Corridor)』에서 공동체 재건만이 자유와 경제적 번영을 향한 치열한 투쟁의 장에서 유일한 활로가 될 것이라고 주장했다고 인용했다.

둘째, 사회적 가치를 더하는 사회혁신을 꼽았다. 20세기가 '경제적 가치의 시대'였다면 21세기는 '사회적 가치의 시대'라면서 경제적 가치에 사회적 가치가 더해져야 균형 잡힌 성장이 가능하다고 설명했다. 경제적 가치 시대에는 대량생산을 주도하는 대기업이 사회를 이끌었다면, 사회적 가치 시대에는 분야별로 많은 사회혁신가가 사회적 가치를 창출해야 한다고 주장했다.

협의회는 2019년 한양대 사회혁신센터와 함께 미국 스탠퍼드 대학교 SSIR(Stanford Social Innovation Review)과 협력해서 'Next Impact Conference'를 개최한 이후 매년 정기적으로 학술대회를 이어오고 있다. 또 국제적인 수준으로 끌어올린 계간지 『Social Innovation in the Community』는 2022년부터 영문으로도 발간할 예정이다. 대국민 공모전 형식을 빌린 '사회혁신뱅크' 구상도 준비 중이고, 지역사회 혁신센터와 스마트 사회복지센터도 구체적으로 추진 중이다.

셋째, 행복한국 만들기를 내세웠다. '행복한국'을 내세운 이유는 국제사회에서 국가발전의 목표가 단순한 경제성장을 넘어서 성장과실의 공정한 배분에 관심을 두는 이른바 '포용적 성장' 개념으로 바뀌어 가고 있기 때문이다. 1990년대 이후 우리나라에서 분배구조가 악화되는 원인은 기술발달 속도가 빨라지면서 최상층의 소득점유율이 계속 증가하고 있기 때문이다. OECD 삶의 질 지표에서 2018년 현재 한국의 '삶의 질' 수준은 주거, 건강, 지식과 역량, 개인적 안전 등의 분야에서는 양호했으나, 직업의 질, 환경의 질, 주관적 웰빙, 사회적 관계 등의 분야에서는 다른 선진국에 비해 상대적으로 취약한 것으로 나타났다.

2021년 UN이 발표한 세계행복보고서에 의하면, 한국의 행복지수는 5.79로 95개국 중 50위였다. OECD 회원국 37개국 중 35위로, 한국보다 낮은 나라는 그리스와 터키뿐이다. 행복도 순위가 낮은 이유를 살펴보면, 1인당 국민소득, 평균수명 등 객관적인 지표는 상대적으로 양호하다. 반면 자선활동 수준, 부패 정도, 사회적 지지, 자신의 삶을 선택할 수 있는 자유 등 주관적이고 사회생태계 차원의 지표가 매우 취약한 것으로 나타났다.

우리가 짧은 기간에 경제적 성과를 내는 과정에서 지나치게 물질주의적 의식구조를 가지게 되었다는 점이다. 한국인의 행복감이 낮은 또 다른 이유는 전반적으로 사회적 신뢰수준이 낮다는 점을 들고 있다. 우리나라에서 사회적 신뢰수준이 낮다는 사실은 잦은 노사갈등, 보수와 진보세력 간의 이념갈등, 영호남 간 지역갈등 등을 통해 쉽게 확인할 수 있다.

그렇다면, 행복해지려면 어떻게 해야 할까? 자유주의 경제학의 창시자 애덤 스미스는 물론 『이기적 유전자』의 저자이자 생물학자 리처드 도킨스도 인간의 이타적 행동이 이기심의 또 다른 형태라고 인식하고 있다. 고고학자이자 종교학자인 배철현은 이타심이야말로 인간이 오랜 진화과정에서 살아남은 단 하나의 이유라고 주장한다. 이타적 본능에 근거한 사회공헌 활동은 시민사회 구성원으로서 인간이 해야 할 기본적인 행동에 속한다. 인간은 사회공헌 활동을 함으로써 행복해질 수 있다는 것이 행복학을 연구하는 전문가들의 공통된 견해다.

경제학자이면서 '행복학' 분야를 개척한 리처드 레이어드는 1인당 국민소득이 2만 달러를 넘어가면 소득 수준이 높아져도 행복도가 상승하지 않는 경우가 많다고 하면서, 한국을 그 대표적인 사례로 꼽았다. 청소년기의 치열한 입시경쟁, 힘겨운 취업준비와 경쟁적인 직장생활로 이어지는 한국 사회에서 지나친 생존경쟁이 한국인의 행복도를 낮춘 주요 원인이라고 진단했다.

역사적으로 사회복지는 나눔 활동으로 시작되었고, 자원봉사는 나눔 활동의 기본이 된다. 한국전쟁 중이던 1952년 부산에서 민간사회복지계를 대표하는 한국사회사업연합회(한국사회복지협의회의 전신)가 창립되었다는 점에서 볼 수 있듯이 사회복지 분야에서 민간차원의 자원봉사는 정부보다 앞서 진행되었다. 1988년 서울올림픽은 자원봉사가 거의 모든 분야로 확산하는 계기가 되었다. 현재 우리나라에서 자원봉사 활동 참여율은 34%에 달하고, 협의회가 관리하는 사회복지 분야 자원봉사자 수만 900만 명에 육박한다.

자원봉사의 '시민적 자율성'을 보장하기 위해서는 민간이 앞장서고 정부는 뒤에서 지원하는 민관협력형 자원봉사 거버넌스 체계가 확립되어야 할 것이다. 이러한 개혁이 이뤄질 때 시민 자율성에 기반한 새로운 형태의 제도화가 구현될 수 있다고 본다.

넷째, 모두 함께 만들고 누리는 복지사회를 지향한다. 서 회장은 진보세력의 퍼주기식 정부 재정지출을 통한 사회복지는 '밑 빠진 독에 물 붓기'라고 지적했다. 시민사회에서는 정부와 기업이 지역공동체와 협력해서 문제를 풀어가는 사례를 축적해서 '지역복지공동체'라는 시스템을 구축해야 한다고 강조했다. 지역복지공동체 안에서 끊임없이 사회혁신을 통해 현안을 풀어나가는 노력이 필요하다고 했다.

다섯째, 새로운 한국형 복지사회 모델을 세계에 전파하고자 한다. 시대변화에 맞춰 ICT와 접목된 사회복지 플랫폼을 형성하고, 이렇게 구축된 사회복지센터가 지역복지공동체의 중심이 되는 한국형 모델을 추진 중이다. 민간이 앞장서고 정부는 뒤에서 지원하는 한국형 모델이 효율적일 뿐만 아니라 비용 측면에서도 낮은 비용으로 손쉽게 접근할 수 있어 오히려 개발도상국에 적합하다는 판단이다. 마침 서 회장이 국제사회복지협의회(ICSW) 회장을 맡고 있다는 강점을 살려 Global Center for Smart Welfare(GCSW)를 설립해 구체적인 실행을 모색할 계획이다.

푸드마켓에 향수도 있다

푸드뱅크는 원래 식품만 취급했다. 음식뿐만 아니라 생필품이 품목에 추가되면서 다양한 물건이 들어왔다. 심지어 종로 푸드마켓에서는 버버리 향수가 인기 품목으로 올라있다. 수준의 향상인지 질적 변화인지 구분은 안 되지만, 향수가 푸드마켓 진열대에 올라와 있는 것만은 사실이다.

1회 이용에 선택 가능한 5개 품목 선정은 늘 숙제다. 도시와 농촌의 사정이 다르고, 시기 혹은 계절에 따라 변하기도 한다. 공급에 따라, 또 찾는 빈도에 따라 달라진다. 귀한 참치캔은 라면 2개와 동등하게 취급되기도 한다.

푸드뱅크는 노인시설이나 장애인시설 같은 사회복지시설이 아니다. 정부에서 인건비를 지원하는 푸드뱅크 근무자는 굳이 사회복지사일 필요가 없다.

세종시에 자리 잡은 푸드뱅크 중앙물류센터는 주로 전화에 의존해 업무처리를 한다. 갑자기 어떤 물건이 부족해지면 서둘러 후원기업을 물색해야 하고, 또 느닷없이 어떤 물건이 쏟아져 들어오면 시 · 도, 시 · 군 · 구 푸드뱅크에 긴급히 알려서 수령을 독촉해야 하기 때문이다.

한번은 밭에서 배추를 캐가라는 연락을 받았다. 왕복 80만 원인 11톤 트럭과 인부를 동원해 배추를 가져와서 쌓아놓았다. 이런 경우에는 지역 푸드뱅크의 입지가 배정량을 좌우하기도 한다. 인근 충남 · 충북 지역에서 먼저 와서 좋은 물건을 골라서 싣고 갔다. 쉽게 상하는 물건이기 때문에 지역별로 안배하고 기다릴 수 없었기 때문이다. 거리가 먼 서울과 경기북부 지역은 전화 통화만 하다가 물량이 소진되는 바람에 결국은 따로 줄 것이 없었다.

과자류는 포장 부피에 비해 가격이 낮은 편이어서 이리저리 채이기 마련이다. 대체로 깡통에 들어있는 제품이 다루기도 용이하고 상대적으로 인기가 높은 편이다. 식품에는 유통기한이 명기돼 있다. 라면의 경우 갓 출고되어 6개월 이상 기한이 남은 제품은 백화점에 들어가고, 5개월 남은 제품은 대형마트로 배정된다. 3개월 남은 제품은 일반마트로 들어가서 유통기한이 2개월 이하로 임박하면 속칭 '깡통시장'으로 통하는 청량리 도매시장으로 돌려진다고 한다.

식품업체는 첫째, 좋은 일을 해야겠다는 사회적 책무를 의식해서 푸드뱅크를 찾는다. 둘째, 기부금 영수증을 발급받아 세제 혜택을 누릴 수 있다는 측면도 있지만, 이는 그다지 도움이 안 되는 것으로 알려져 있다. 셋째, 폐기 비용을 줄이기 위해 푸드뱅크를 활용한다는 시각도 있다. 요즘은 유통시스템이 발달해서 기부하거나 폐기할 물량이 상대적으로 줄어들었다. 물류산업이 발전할수록 역설적으로 푸드뱅크의 역할이 줄어들게 되는 셈이다. 코로나19로 농심, 삼양, 팔도 등 라면업체들이 사상 최고의 매출실적을 올리면서 상대적으로 푸드뱅크 기부물량은 오히려 줄어들었다고 한다.

누구를 만나도 도움을 줄 수 있는 일

사회복지 분야에 대해 객관적인 입장에서 현대적이지 않다거나, 이성적이지 않다는 판단을 했다. 영상 매체를 통해 본 광고는 측은지심을 유발하는 감성적인 톤이 대부분이었기 때문이다. 사회복무요원으로 사랑나눔사업단에 근무하는 이창은 씨는 이곳에서 일하면서 인식이 바뀌었다고 했다. 후원하고 싶어 하는 분들과 상담하고, 기부금 영수증을 발급하는 업무지원 행정을 맡으면서, 사회복지가 시대적으로 중요한 분야라는 인식을 가지게 되었다고 털어놓았다.

특히, 중학교 3년 동안 복지관에서 자원봉사 한 경험을 바탕으로, 자원봉사 대상을 한분 한분 모시고 돌보는 과정에서 파악한 문제점을 중심으로 다음과 같은 제안을 했다. 우선 봉사 대상자의 성향이나 패턴을 규격화하고, 봉사자 간에 동일하게 반복되는 인수인계 과정을 한눈에 알아볼 수 있는 어플을 개발하면 어떻겠느냐는 것이었다. 실제로 핀테크 등 플랫폼기업에서도 인공지능의 도움을 받아 다양한 상황을 유형화해서 처리하는 기능이 있다는 점을 상기시켰다.

이창은 씨는 아르바이트하는 과정에서 커피와 무역을 결합한 영역이 블루오션이라고 파악하고 자신의 사업을 준비해왔다고 설명했다. 스스로 로스팅과 그린빈, 센서리 등 국제커피협회(SCA) 공인 자격증 11개를 따고 디플로머 과정을 마쳤다고 소개했다. 일과 삶의 일치를 이뤄서, 길을 가다가 누구를 만나도 도움을 줄 수 있는 분야에서 일하는 것이 평소 신념이라고 했다.

그런 일은 의식주와 의료, 멘탈케어, 예술 분야에 해당한다고 하면서, 도움을 주는 일은 봉사와 기부를 통해 이뤄진다는 점에서 사회복지 분야도 자신의 관심 영역으로 편입되었다고 했다. 기술적인 면에서 자신이 하고자 하는 일도 플랫폼 사업이고, 사회복지도 앞으로는 플랫폼 형태로 진화할 것이기 때문에 지향성이 같다고 설명했다.

일하는 방식에서도 여러 분야의 종사자들이 새로운 해결책을 찾아서 협력한다는 점에서 기술집약적인 자본주의 시스템과는 뚜렷이 구분된다고 인식했다. 특히 정부와 협의회가 민간단체 혹은 기업과 어울려서 복잡하고 다양한 사회문제를 풀어나가는 방식이 인상 깊었다고 했다.

후원금 사용에 대한 오해

한국사회복지협의회 사무실이 있는 빌딩은 '사회복지회관'이다. 지하철 공덕역 6번 출구 바로 앞에 자리 잡고 있다. 1975년 준공된 8층 건물을 헐어내고 23층짜리 현대식 건물을 지었다. 원래는 모 건설업체 회장이 기부 형태로 건물을 지어주기로 했으나, 건물을 짓던 중에 세상을 떠나면서 사정이 급변했다. 아들이 물려받은 회사는 IMF사태가 터지자 경영난에 봉착했다. 건설공사가 중단되고 임시로 이웃 빌딩으로 사무실을 옮긴 직원들은 7년간이나 남의집살이를 해야 했다. 결국 7층 이상 사무실과 오피스텔을 분양해서 그 돈으로 건설비용을 겨우 충당했다. 현재 협의회 소유는 23층 중 1층에서 6층까지다.

새생명사업은 1991년 희귀질환 및 백혈병 어린이를 돕기 위해 MBC가 〈어린이에게 새 생명을〉이라는 프로를 방영하면서 시작됐다. 당시 모금방송의 효시였다. 방송이 한 번 나가면 20~30억 원의 기부금이 들어왔다. 협의회가 시작한 이 사업은 이후 어린이재단으로 넘어갔다.

후원금에 대한 일반적인 인식은 1만 원을 후원하면 그 돈이 그대로 대상자에게 지급되거나 대상자를 위해 이용되어야 한다고 생각한다. 해당 사업을 유지하면서 절차를 밟아 집행하는 데는 나름대로 기간도 걸리고, 종사자 인건비와 행사비 등 비용도 들어간다는 점은 무시된다. 사업에 따라 일반적으로 이런 행정비용에 10%가 들어간다. 이 부분이 오해의 소지를 낳는다. 방송인 뽀빠이 이상용 씨도 이런 인식에 걸려들어 곤욕을 치렀다. 한국어린이보호회를 설립하고 심장병어린이재단 운영에 적극적이던 이 씨가 공금횡령혐의로 형사입건되었다가 무혐의 처리된 일은 당시 세상을 떠들썩하게 했다.

입사 24년 차인 대외협력실 K 실장은 지난 일들을 주마등처럼 떠올렸다. 2007년 사회공헌정보센터가 출범할 당시 과장이던 K 박사는 실무를 맡아 정보제공과 교육, 네트워크 업무를 정립했다. 이명박 정부 때는 나눔국민운동본부추진위원회 발족을 위해 당시 보건복지부가 입주해 있던 계동 현대사옥으로 파견근무를 나가기도 했다. 추진위원회는 협의회 부설로 진행되다가 별도 사단법인 설립으로 가닥이 잡혔다. 나눔문화 확산을 위해 교육과 캠페인, 강사 육성 등의 사업을 실시했다.

K 박사는 협의회가 사회복지 관련 사업을 인큐베이팅하는 기관이라고 기억했다. 1998년 사회복지공동모금회가 협의회에서 독립해 나갔고, 사회복지시설 평가업무가 사회보장정보원으로 이관됐다. 협의회에 교육연수 기능이 부여되어 있는데도 보건복지인력개발원이 개별기관으로 따로 설립됐다. 이러다 보니 해당 업무를 시작해서 키운 기관, 다시 말하자면 종갓집이고 본가이면서도 현실은 가장 가난하고 보잘것없어졌다. 당연히 정체성의 문제라고 하지만, 현실적으로 다른 기관에 비해 직원 급여도 낮고, 정부 예산 조정에서 항상 우선순위가 밀려서

늘 삭감 위협에 시달린다.

민간의 사회복지 역량이 미천할 때 이를 견인하는 기관으로 갖은 고초를 치르면서 최선을 다했지만, 이제는 비슷한 일을 하는 곳이 많다든가, 기관의 민간부문에 왜 정부 예산을 줘야 하느냐는 식의 질문에 끊임없이 시달리고 있다고 했다. 고유목적 사업이 모두 그런 실정이다.

좋은 일 하시네요

사회복지시설 종사자는 힘들기 마련이다. 낮에는 현장에서 일하고, 밤에는 행정업무를 처리해야 한다. 거기다 근무환경이 열악한 경우가 많고, 급여는 낮은 데다 몰리는 일거리는 끝이 안 보인다. 특히, 야근이 잦은 것이 큰 문제다. 결국은 지쳐서 쓰러지고 만다. 실제로 사회복지 분야 공무원의 과로사와 자살 사건이 한동안 화제가 되기도 했다. 상황이 이런데도 번아웃되는 것을 보완해주는 대안이 따로 없다는 점이 안타까울 뿐이다.

멘토링사업단의 S 차장은 2008년 협의회에 합류했다. 그 이전에는 종합사회복지관에서 3년간 근무했다. 거의 매일 야근했다. 낮에는 대상자들을 가능한 한 많이 만나러 다니고, 밤에는 행정업무를 보는 일상이 계속됐다. 중3 때 우연히 가정의 달에 방영되는 TV프로그램을 보고 난 후에 사회복지를 전공해야겠다고 결심했다. 매스컴에 비친 어려운 어린이들을 지켜보면서 저들을 위해 무언가 해야겠다는 마음에 굳은 결심을 했다.

일하다 보면 마주치는 사람들로부터 "좋은 일 하시네요."라는 말을 자주 듣는다. 가벼운 칭찬으로 들릴법한 말이다. 말을 건네는 사람이 다소 미안한 마음을 담아서 인사치레로 하는 말이기도 하다. 가끔은 말하는 사람의 진심이 느껴지는 때도 있다.

많은 경우에 이 말은 봉사자라는 전제 아래 어려운 현실을 감당하는 것을 당연시하는 뉘앙스를 내포하고 있다. 스스로 선한 일을 선택했으니, 그에 따른 모든 것을 당연히 감수해야 한다는 의미다. 사회복지시설 종사자들도 나름대로 전문성을 지닌 직업인이다. 좋은 일을 한다는 점은 맞는 말이지만, 이들도 처우나 급여가 다른 직군과 비교되고, 더 나은 삶을 살고자 하는 욕구를 지닌 보통 사람이다.

때로는 "좋은 일 하시네요."라는 언급이 지금 하고 있는 일과 처지가 당연하다는 느낌을 줄 때, 어떤 굴레를 씌우는 듯한 느낌을 지울 수 없다고 했다. 평범한 직장인이기 때문에 때로는 인정받고 싶고, 처우도 개선되었으면 하는 바람을 지니고 있다. 그러나 현실은 이런 생각이 사치라는 것을 금방 깨닫게 한다.

야근하면서도 저녁식사는 내돈내밥하고, 야근수당도 없이 일하다가 막차를 놓치는 일이 잦았다. 지금처럼 야근수당을 받았다면 그 돈으로 명품 핸드백을 몇 개나 샀을 것이라면서 해맑게 웃었다.

복지관에서 바자회나 김장 담그기, 1일 찻집 등의 행사를 하면 어디 가서 후원을 받아오라고 내몰리기도 했다. 부정적으로 얘기하자면 그렇게 고생을 시키고 마침내 앵벌이도 시키냐는 소리가 나오게 된다. 10년도 더 지난 과거 얘기지만, 사회복지 현장은 지금도 크게 변하지 않았다고 했다.

멘토링사업단에서 지역거점기관 운영을 통해 멘토링 활성화를 지원하고 있는 S 차장은 대구 동성로에서 열렸던 멘토링페스티벌에 대해 설명했다. 멘토링 홍보를 위해 지역거점기관을 선정해서 담당자 간담회를 개최하고, 수기공모전을 열고, 때로는 지하철이나 버스에 광고를 내보내기도 했다.

멘토링 대상자는 주로 아동 · 청소년이었으나, 요즘은 거꾸로 대학생이나 중 · 고생 멘토가 어르신 멘티에게 스마트폰이나 노트북 사용법을 가르쳐주는 사례가 늘고 있다. 태권도 지도자 자격증을 가진 멘토가 운동뿐만 아니라 정서적 지원에 정성을 들이는 모습도 감동적이었다고 했다. 배드민턴을 가르쳐 그 팀이 직장인 동호회 장애인 선수권대회에서 우승을 따낸 장면은 오래도록 기억에 남을 것이라고 했다. 코로나19 이후에는 대면과 비대면을 병행하고 가능한 한 프로그램 개편을 통해 비대면 화상채팅으로 바꿔나가고 있다고 했다.

tvN 〈유 퀴즈 온 더 블럭〉 프로그램에 나눔혁신사업단에서 시상하는 '최고 소방영웅'이 출연한 적이 있었다. 에쓰-오일이 후원하는 소방영웅 수상자인 배몽기 소방관은 역시 소방관인 아들과 함께 출연했다. 왜 힘들고 위험한 직업인 소방관을 선택했느냐는 질문을 받은 아들 배태랑 소방관은 "아버지가 소방관이어서 그냥 소방관이 되었다"고 말했다. 왜 어렵고 힘든 사회복지 종사자가 되었는지 더는 복잡하게 생각하지 않기로 했다. 힘들어도 누군가는 당연히 해야 하는 일이기 때문이다.

한국사회복지협의회가 걸어온 길

1952 한국사회사업연합회 창립(전쟁 중 민간 사회복지시설 단체로 출범)

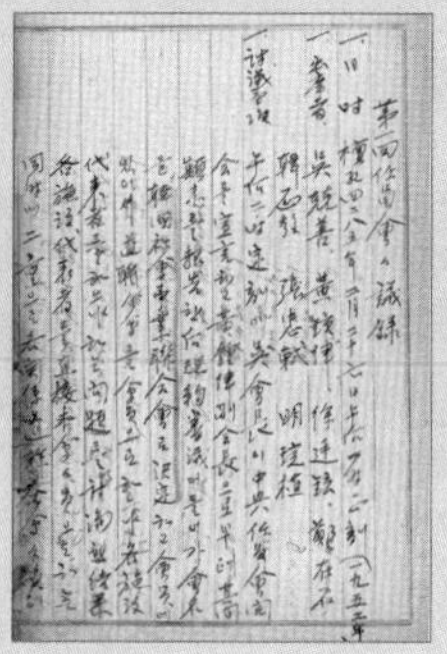
第一回任員會議錄

1952년 2월 26일 제1회 임원회 회의록

1954 사단법인 한국사회사업연합회 설립

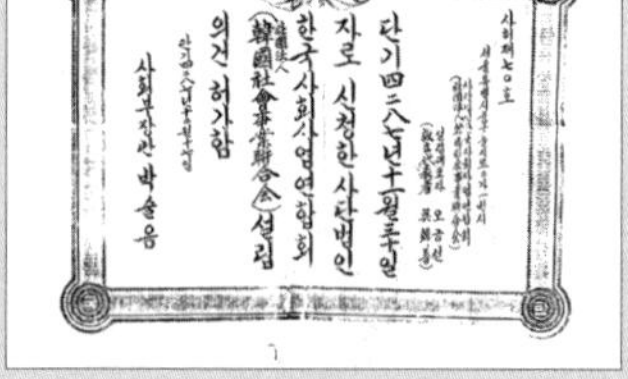
자로 시청한 사단법인
한국사회사업연합회
(韓國社會事業聯合會) 설립
의건 허가함
사회부장관 박술음

1954년 한국사회사업연합회 설립허가증

1959 국제사회복지협의회(ICSW) 회원가입

1961 사단법인 한국사회복지사업연합회 개편

1963년 12월 한국사회사업연합회 이사회 회의록철

1965 사단법인 한국사회복지연합회 개편

1965년 국제사회복지협의회(ICSW) 한국대표단 귀국 사진

1968년 사회복지사업법 초안에 대한 좌담회

1968년 10월 구 한국사회복지회관 완공 후 모습

1970 사회복지법인 한국사회복지협의회 개편

1970년 '국가발전에 있어서의 사회복지의 역할'
사회복지세미나

1971년 한일 사회복지연구협의회 기념촬영

1972 사회복지 공동모금사업 실시(한국사회복지공동모금회 창립)

1975 옛 사회복지회관 준공

1978 사회복지 자원봉사사업 실시(사회봉사안내소 개설)

1978년 사회봉사안내소 개설

1978년 제1회 자원봉사자 강습회

1979년 한국사회복지협의회가
전국적으로 실시한 백만인모금 걷기대회

1981 제1회 전국사회복지대회 개최

1981년 제1회 전국사회복지대회

1982년 사회복지사업법 개정 공청회

1983 한국사회복지협의회 법정 단체화(시 · 도 사회복지협의회 조직)

1986년 실종아동찾기운동을 방송한 〈차인태의 출발새아침〉

1988년 '88사랑의 대축제' 개막식 테이프커팅

1990 사회복지신문 창간

1993년 장애인들을 청와대로 초청한 김영삼 대통령 내외 (제공: 문화체육관광부)

1997 시 · 도 사회복지협의회 독립 법인화

2000 제1회 사회복지의 날 기념식 개최

2000년 공사 중인
사회복지회관

2000년
제1회
사회복지의 날
기념식

2001년 국제사회복지협의회(ICSW)
아태지역 사회복지대회

2002 한국사회복지회관 신축

2004 시·군·구 사회복지협의회 설치

2005 사회복지연구원 설치

2007 사회공헌정보센터 설치

2007년 사회공헌정보센터 개소

2009 한국사회복지협의회 공공기관 지정

기부식품 중앙물류센터(대전) 개소

2009년 대전 유성에 설치된
기부식품 중앙물류센터 개소식

2010년
이명박 대통령
내외가 참석한
'나눔문화
대축제'

2011 사회복지시설평가원 설치

복지 소외계층 발굴과 연계 · 지원(좋은이웃들)사업 시작

2011년 복지 소외계층 발굴과
연계지원(좋은이웃들)사업 발대식

2012 한국사회복지협의회 창립 60주년 기념행사 및 CI 'SSN' 선포

2012년 한국사회복지협의회 창립 60주년
기념행사 및 CI 'SSN' 선포

2012년 IBK기업은행과 푸드뱅크가 공동개최한
사랑의 식품꾸러미 나누기

2013 GFN(Global Foodbanking Network) 회원가입

2014 제1회 전국사회복지나눔대회 개최

2014년 제1회
전국사회복지나눔대회 개최

2015 사회공헌활동 기부은행 출범

2015년 사회공헌활동
기부은행 사업 시작

2016 세계사회복지대회 서울 개최

2016년 세계사회복지대회
서울 개최

2017 푸드뱅크 기부 총량 연 2천억 원 돌파

가족친화 우수기관 인증(여성가족부)

2017년 사회공헌센터 10주년 기념
글로벌사회공헌포럼 개최

2019 지역사회공헌인정제 실시

새뜰마을 지역 주민돌봄사업 시범운영(국토교통부)

2019년 지역사회공헌 인정제
실시와 관련해 신용보증기금과
업무협약 체결

2019년 10월 서울에서 열린 아태푸드뱅크
콘퍼런스의 좌담회를 진행하는 서상목 회장

2019년 10월 29일 사회복지협의회가
한양대학교, 스탠퍼드대 Social Innovation
Review와 함께 개최한 '2019 글로벌 임팩트
콘퍼런스'

2020 서상목 회장, 국제사회복지협의회(ICSW) 회장 취임

2020년 11월 8일 국제사회복지협의회(ICSW) 회장으로 선출된 후 온라인 수락연설을 하고 있는 서상목 회장

사회공헌 일자리연계지원사업 실시

긴급식품지원사업(Emergency Food Pack) 실시

2020년 이머전시 푸드백 시범사업 착수식

2021 IPSS(국제사회서비스프로젝트) SDGs 국제포럼 개최(4회)

2021년 IPSS(국제사회서비스프로젝트) SDG's 국제포럼 4회 개최

2021년 12월에 열린 '대한민국 사회혁신 체인지메이커 시상식'

편집 후기

10년 후에는 나도 체인지메이커

술술 읽히는 글을 써 달라는 것이 첫 번째 요구사항이었다. 스토리텔링 형식이어야 잘 읽히지 않겠느냐고 했다. 내가 한술 더 떴다. 그럼 서점에서 팔리는 책을 만들자는 얘기네요.

이 책은 그렇게 시작됐다. 2021년 5월 어느 날 서상목 한국사회복지협의회 회장님의 주문을 받아들고 아무 생각 없이 공덕동 오거리에 있는 협의회 사무실을 드나들기 시작했다. 서 회장님은 평소에도 가끔 뵙던 분이어서 경계심이 전혀 없었다. 자료를 잔뜩 받아들고 와서는 이리저리 뒤적여보았다. 70년이나 된 이 단체가 하는 일이 어마어마한 내용이라는 걸 알아채는 데는 그리 오랜 시간이 걸리지 않았다.

푸드뱅크는 나도 아는데, 그게 협의회에서 하는 일인 줄은 몰랐다. 협의회 산하 지역복지개발원 허정회 원장님과 대외협력실 전우일 박사님을 만나 책 쓰는 방향에 대해 논의했다. 전 실장님은 글쓰기로 업무량이 과중한 직원들을 괴롭히지 말아 달라고 당부했다. 그냥 1인당 1시간 정도 인터뷰만 하겠다고 했다. 텍스트로 된 자료도 요구하지 않기로 했다. 그러고는 매주 월요일에 나가서 개별 부서에서 일하는 직원 1명과 가벼운 인터뷰를 이어갔다.

협의회 부설 사회공헌센터가 하는 일은 나도 궁금했다. 몇 달간 사회공헌센터 직원들과 인터뷰하면서 지냈다. '사회공헌'은 우리 사회를 또 다른 미래로 끌고 가는 최첨단 업무였다. 체인지메이커(change maker)를 발굴해서 시상하는 장면을 접하고는 내가 홀라당 빠져버렸다. 10년 후에는 나도 체인지메이커가 되리라.

내가 하는 일이 늘 그랬지만, 정신을 차려보니 마감 기일이 눈앞이다. 인터뷰를 서둘러 마무리하고 1주일간 협의회로 출근하면서 글을 정리했다. 그사이 나도 모르게 변했다. 나도 기부도 하고 싶고, 봉사도 하고 싶고, 그리고 결국은 체인지메이커가 되고 싶어졌다. 서 회장님 덕분에 협의회를 알게 된 건 내겐 행운이었다. 그에 비해 책은 다소 남루하다. 죄송할 따름이다.

남동희

전 매일경제신문사 기자

도움 주신 분들

『갓 칠십, 행복한국을 꿈꾼다』는
사회복지협의회 소속 직원들의 인터뷰를 통해 엮은 책이다.
2021년 5월부터 연말까지 인터뷰에 응한 분들은 서상목 회장을 비롯해 다음과 같다.

강 훈 푸드뱅크사업단 단장
고금지 푸드뱅크사업단 대리
권윤지 대외협력실 대리
김광진 사회공헌센터 부장
김도연 사랑나눔사업단 인턴
김민우 전략기획실 실장
김수삼 경영지원실 실장
김영아 나눔혁신사업단 단장
김재훈 안양시 사회복지협의회 회장
나세희 멘토링사업단 차장
모수진 사회공헌센터 주임
박유진 나눔혁신사업단 대리
백수현 자원봉사사업단 과장
백승구 사랑나눔사업단 차장
서진영 교육연수실 차장
신예슬 멘토링사업단 과장
안봉근 멘토링사업단 과장
안선아 사회공헌센터 차장
양송희 나눔혁신사업단 부장
우용호 사회공헌센터 소장
유진희 교육연수실 실장
윤혜원 대외협력실 과장
이대영 나눔혁신사업단 차장
이동환 자원봉사사업단 주임
이성우 대외협력실 과장
이종화 지역복지지원단 차장
이준호 사랑나눔사업단 단장
이창은 사랑나눔사업단 사회복무요원
장서윤 자원봉사사업단 주임
장영신 정책연구실 실장
전우일 대외협력실 실장
정대영 지역복지지원단 단장
정외택 멘토링사업단 단장
정주희 지역복지지원단 과장
조유리 자원봉사사업단 주임
조철민 사랑나눔사업단 대리
최민규 사회공헌센터 대리
최영협 자원봉사사업단 단장
최현미 교육연수실 차장
한유미 대외협력실 과장
허성진 나눔혁신사업단 차장
허정회 지역복지개발원 원장